文化吉林

通化市卷·下冊

弘揚長白山文化　打響吉林特色地域文化品牌

主編寄語

目錄

第三章・文化名人

第四章‧文化景址

第五章 · 文化產品

第六章 · 文化風俗

第四章——

文化景址

歲月留痕不作聲,晨鐘暮鼓演春秋。星羅棋布的城郭餘跡,既是這座城市的文化符號,也是這座城市抹不去的記憶。它躍動時代的脈搏,記錄地域的變遷,彰顯民族的尊嚴。神鰲不朽,丸都遺韻,飛霞落照,烽煙如驛,這些兀立於歷史的蠻荒深處的斷垣殘壁,似厚卷雄渾凝聚萬象,鋪展千年的滄桑與沉思。記住她,便是對遠古文明最莊嚴的膜拜、最虔誠的朝聖。

大安舊石器時代洞穴遺址

2002年秋天，通化縣大安鄉採石場發現一崩塌的自然溶洞。在溶洞的底部有厚約四十釐米的土層堆積，堆積中含有大量的動物骨骼化石，同時還發現有打製的骨器，以及火燒骨、木炭、灰燼等用火跡象。由於土層上面被溶解的石灰岩所形成的鈣板覆蓋，並形成一層堅硬的外殼，因此推斷該文化堆積的形成，距今至少有幾萬年的歷史。

2002年10月12日，通化市文管會辦公室對該洞穴進行了首次調查，並在堆積的土層斷面上採集到部分動物骨骼化石和人為加工使用的骨器。2003年7月，吉林大學考古系教授陳全家應邀與通化市文管會辦公室聯合對該洞穴進行考古調查和局部清理。

該洞穴為自然形成的石灰岩溶洞。洞內的石鐘乳、石幔、石筍等發育正常。洞口距地表高度約一點五米左右，朝向東北。該溶洞是被縱向劈開，自洞

▲ 大安洞穴遺址

口向內五米左右折轉向西，並出現一類似天井的空間。天井的直徑近兩米，向上逐漸內收，頂端呈縫隙狀並與洞外相通。天井的四周岩壁被煙熏成黑色，應是洞內的排煙通道。在靠近天井處的堆積中，動物骨骼化石明顯多於靠近洞口處，並且多數破碎。同時，木炭和灰燼也集中於此。天井外

▲ 省級文物保護單位──大安洞穴遺址

緣至洞口處出土了大量的動物骨骼化石，多數已被敲碎，其動物種類不詳。在遺存的化石中有相當部分是經火烤過的。在此層位中還發現木炭與灰燼，這說明是當時的人類所為。在這些骨骼化石中，含有一定數量的骨器，骨器上有明顯人工打製和加工的痕跡，其中有尖狀器、刮削器等；有些骨器明顯是用火烤過後加工製作的。還發現有的骨器柄部雖然是動物蹠骨的斷茬處，但由於長時期使用而磨得十分光滑。用火烤過的獸骨可增強其硬度和韌性，這是古代人類加工骨器一種常用的方法，在新石器時代甚至青銅時代的遺存也常有發現。從洞穴中遺存的動物骨骼化石看，種類繁雜。因此，不可能是某種動物的棲息地或自然災害所造成的結果，而應是人類獵取動物並在洞穴中食用後所遺棄的，說明了該洞穴是當時人類生活居住的地方。另外，從洞穴中用火的跡象看，當時生活在這裡的人類早在幾萬年前就已掌握了用火和保存火種的技術。

經考證，該洞穴應是一處舊石器時代的洞穴遺址。從目前已發現的種種跡象和動物骨骼化石的石化程度以及骨器的製作方法等，足以證明這裡為一處舊石器時代中晚期人類生活居住址，也就是說幾萬年前通化就有人類在此繁衍。

該遺址的發現，不僅填補了長白山渾江流域舊石器時代洞穴遺址的空白，同時對研究這一地區早期人類歷史及生態環境等有著重要的價值和意義。

東山石棚墓

　　東山石棚墓位於通化市區新站廣場東山，是由東、西立壁石，南、北立堵石，墓底鋪石和一巨大的蓋頂石構成。環石棚周圍還有以石頭鋪成的墓域，直徑約四米左右。

　　該墓坐北朝南，頭向呈正北。由東向西傾倒坍塌，蓋頂石已斷為兩截，中間縫隙寬達四十釐米左右。東西兩側立壁石及蓋頂石均為白色巨型火層岩修鑿而成。南（前）、北（後）兩塊立堵石均為金色雲母岩修鑿而成。北立堵石表面留有清晰的採鑿溝痕。四面立石的下端埋入地下均達二十釐米左右。墓的底部是由十三塊一點五至二釐米厚的灰白色石灰岩板鋪成，南北長二米，東西寬〇點七四米。在石灰岩板上面鋪河卵石，其厚度為二十釐米左右，人骨及隨葬物均在此層上。

　　該石棚墓所葬人骨分火燒和未經火燒兩種。火燒骨較破碎，大都浮在上

▼ 東山石棚墓一角

面；未經火燒的人骨雖不像火燒骨那樣碎，但較為完整的骨骼亦極為少見，而且比較凌亂。除下肢略顯有形外，其餘骨骼均雜亂無章。該墓共清理出人牙齒二十六顆，幾乎散布於整個墓室，其中有門齒、犬齒和臼齒。從火燒和未經火燒的兩種人骨分析，可推斷該墓為二次葬，而且是雙人葬。

該墓出土的隨葬品共有三類九件。其中陶器類有陶壺、陶罐、陶碗，松石飾件類有松石墜和松石管，青銅飾件類有青銅管。陶器的位置為：陶壺殘片分布在人骨架胯部至小腿的左側，陶罐在足部的左側，陶碗在足下並扣置，松石墜、松石管狀飾和青銅管狀飾均集中在墓主人的下腹部。

作為遼東地區的石棚墓在通化市尚屬首次發現，而且該石棚墓沒有被盜的跡象，這在我國遼東半島的石棚墓當中是保存較為完整的一例。根據該石棚墓帶有石鋪墓域，以及隨葬陶器的對比，其年代當在戰國晚期至西漢早期。這對東北地區濊貊族系的喪葬習俗及喪葬制度的研究有著重要的價值。

赤柏松古城

　　赤柏松古城坐落在通化縣快大茂鎮西南三點五千米的一個低矮的階地上，這裡地處通化縣、新賓縣、桓仁縣三縣交通之要沖，依山傍水，位置險要。

　　階地坐北朝南，北高東低。城牆是沿著階地的周緣走向夯土築成，周長一〇五三點三米，平面呈不規則矩形。有東、南、北三個城門，在城的東南角、北牆東角、南牆西角各有一處角樓遺址。二〇〇五年以來，吉林省文物考古研究所曾對此城進行了三年多的考古發掘。發現城內有較多建築遺跡，並出土了大量的繩文瓦、陶片以及鐵車、鐵鑇等漢代遺物。根據發掘的文物考證，赤柏松古城為一座漢代城址。同時，學術界普遍認同：該城應為西漢時期玄菟郡下轄的三縣之一上殷台縣的治所所在。這成為漢代邊疆史地研究的又一典型案例。

▲ 赤柏松古城遺址

▲ 赤柏松古城出土的文物

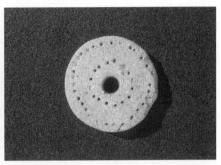

▲ 赤柏松古城出土的陶紡輪

　　以赤柏松古城、平崗山古城、自安山城為核心，以烽燧為鏈接的秦漢長城烽燧及相關遺存在通化境內的發現，使之形成了一套完善的軍事防禦體系和遼東郡通往玄菟郡的驛站交通，進一步提升了該遺跡的歷史地位，為研究漢中央政權鞏固邊疆統治，經略東北，提供了重證實據。

▲ 赤柏松古城出土的陶豆

▌平崗山古城遺址

　　平崗山古城是一座漢代城址，位於通化市區渾江左岸，坐落在東嶺街東側的二級階地之上，一九九六年被市政府公布為第三批市級文物保護單位。

　　二〇〇九年，對其局部進行了搶救性清理發掘，出土了一批繩紋瓦、夾砂陶片、繩紋灰陶片以及陶紡輪、石鏃、鐵鐮等漢代遺物。繩紋瓦是典型的漢代建築構件，也是漢代官方建築的重要標誌。據考證初步認為，平崗山古城是一座漢代遺址，城內有如此級別的建築說明此城不會低於縣級。所以，根據史料記載以及該城的地理方位、規模、出土遺物等，推測為漢高句麗縣故址。在城址所屬台地的西北端有一梯形墩台烽燧遺址。該烽燧址又與渾江右岸的自安山城隔江相望，形成了兩城相呼應的格局。

▌烽燧遺址

通化境內的烽燧遺址，始建於西漢時期，西接遼寧境內新賓縣旺清門鎮孤腳山烽燧，東至通化市區平崗山古城烽燧和北郊的自安山城，全長近七十千米。學界普遍認為烽燧遺址是東北漢長城的重要組成部分。

▲ 金門鄉大南溝村東山烽燧F2由北向南

該遺址由城障和烽燧共同構成。其中包括南檯子古城址、狍圈溝南山烽燧、歡喜嶺三隊烽燧、川排溝烽燧、大帽山烽燧、三合堡六隊後山烽燧、河夾信村西山烽燧、金斗鄉政府後山烽燧、山頭村崗上嶺烽燧、慶生村東山烽燧、砬峰村後山烽燧、赤柏松古城、黎明烽燧、灣灣川泉眼

▲ 三棵榆樹南臺子漢長城遺址

溝後山烽燧、通化市西山烽燧、平崗山古城烽燧、自安山城。

該遺址處於遼寧境內永陵南漢城與通化市平崗山古城、自安山城之間，分布在沈長公路兩側。各烽燧視野開闊，兩兩相望。

在遺址某些地點採集到相關遺物，如夾砂陶片、瓦片等，紋飾均以繩紋為主。這與遼寧撫順地區諸烽燧周邊採集的繩紋板瓦、筒瓦及陶器殘片相同，也與通化縣赤柏松古城、通化市平崗山古城出土的同類遺物特徵基本一致。進一步證明了平崗山古城、赤柏松漢城、南檯子古城、白旗漢城及諸多烽燧的時代和所代表文化的統一性。

該遺址的發現將我國漢代的統轄範圍以及與內地的連接更為清晰地勾勒出來，應是漢昭帝時為連接遼東郡與玄菟郡而修築的交通與信息傳遞設施。

▌龍崗遺址群

　　龍崗遺址群位於通化縣快大茂鎮下龍頭村、龍泉村、江沿村，地處渾江右岸的江川地帶。

　　該遺址群由下龍頭龍崗遺址、龍泉村龍崗遺址、土珠子祭祀遺址、江沿村長崗（漁營屯）遺址所構成。除土珠子祭祀址外，其餘三處均為大型聚落遺址。這三處聚落址不僅規模大，而且內涵豐富，暴露跡象明顯。從採集的遺物看，多為素面夾砂陶片及石鎬、石斧、石網墜等，也有少量泥質灰陶片。根據遺物推斷，該遺址群的年代當在青銅時代晚期至高句麗早期。從地理位置及墓葬、祭祀址、聚落址的分布狀況分析，該遺跡群自成體系，應屬卒本扶餘即高句麗的建國遺存。

　　該遺跡群為高句麗民族的起源研究，特別是為朱蒙之高句麗建國地的確認，提供了重要依據。

▲ 下龍頭龍崗遺址遠景

▲ 全國重點文物保護單位——龍崗遺址群

▲ 下龍頭龍崗遺址一角

▎自安山城

　　自安山城位於通化市東昌區江東鄉自安村北山。此城地理環境優越,三面環水,北部環山。東為鴨綠江主要支流渾江,西臨哈密河,東南為哈密河與渾江交匯處的三角洲,北是群山環抱的山間盆地。城內地勢東高西低,整座城址呈不規則長方形,南牆與東牆交接處呈銳角狀。東牆長1100米,南牆長300米,西牆長800米,北牆長400米,周長2700米,城內面積36萬平方米。城垣共發現門址五處,其中一號門前有兩個人工堆砌的土城闕。

　　早在民國時期,地方政府發現此城,在舊《通化縣志》中稱「石頭城」,加以著錄。1983年,通化地區文物管理委員會辦公室對自安山城進行了調查、測量、拍照等大量的登記和保護性工作。1984年11月27日,通化市人民政府將

▼ 自安山城遺址一角

▲ 自安山城遺址近景

其公布為市級文物保護單位。為了加強對該城址的保護，1999年2月26日，省政府將此城公布為吉林省文物保護單位。2004年6月至7月，省文物考古研究所與通化市文物管理委員會辦公室對自安山城進行了詳盡的調查、測繪及小規模試掘，並出土了陶甕、蛋形罐等陶器和銅、鐵器。根據出土器物的質地、形制以及山城城牆的建築風格、用料等綜合因素判斷，山城始建於西漢，後被高句麗所沿用。其建築具有漢代城與高句麗山城相結合的特點，在東北高句麗山城中具有鮮明的自身特色，有較高的歷史、科研和藝術價值。根據該城的土築門闕推斷，應是漢昭帝時內遷的玄菟郡故址。

2006年5月25日，國務院將其確定為全國重點文物保護單位。

丸都山城

　　丸都山城原是國內城的軍事衛城，當時稱作尉那岩城，始築於西元3年。
山上王十三年（西元209年）移都於此。

　　山城位於集安市北2.5千米的高山之上，最高處海拔652米。城牆依自然態
勢築於峰嶺上，外臨峽谷絕壁，內擁緩坡平川。東、西、北三面地勢較高，南
面較低，高差約440米，整個山城形狀如簸箕。城垣周長6947米，有七個門

▼ 雲霧圍繞的丸都山城

址。城內有瞭望台、戍卒居址、水池、宮殿遺址。宮殿遺址在城內東南部緩坡台地上，依山勢而建，東高西低，落差13米。四周以條石壘砌宮牆，現僅存基礎。宮殿周長332米。受地勢所限，平面形狀並不規則，東、西兩牆較為平直，南北牆稍偏斜。宮殿址及附屬設施面積8260.75平方米。遺址坐東向西，由西向東依次分布著四層人工修築的長方形台基，台基的三面壘砌護坡。台基上共修築有不同規格的建築十一座（組）。西宮牆有宮門址兩處，台基之間有一長方形廣場，還發現人工和自然排水設施。

1982年，國務院將其確定公布為全國重點文物保護單位。

羅通山城

　　羅通山城始建於漢末高句麗中晚期，金代沿用，是高句麗時期山城建築的重要組成部分，具有典型高句麗山城特點，是高句麗時期「左右城」山城的代表作，也是中世紀東北亞地區最有特色的城址之一，為全國重點文物保護單位。

　　城牆高聳於山脊峰巔，逶迤起伏。山城由緊密相連的東西兩城組成，中間共用一牆相連，整體如人的兩個肺葉，左右分開，又稱姊妹城。城牆全長七點八千米，山城面積一點五八平方千米。城內現存東北角樓遺址、點將台遺址、蓄水池遺址、演兵場、古井、兵營遺址，並有大批珍貴文物出土。

▲ 羅通山城遺址內的龍潭

霸王朝山城

　　霸王朝山城位於集安市財源鎮霸王村東北山脈主峰，西南距遼寧省桓仁縣五女山城30千米，是國內城、丸都山城之外的一座重要古城，是高句麗南道上一處重要軍事要塞，1961年被列為吉林省重點文物保護單位。

　　該城依山脊懸崖峭壁築砌為城，最高處為海拔862.8米。整個山城北高南低，狀若簸箕。實測東牆長298米，西牆長420米，南牆長247米，北牆長295米，總長度1260米，方圓1.2千米。有一南一北兩座城門，門外有甕城痕跡，南、北、東三面部分地方築有女牆，曾出土鐵車、鐵飾件、鐵鏈、鐵鋌銅鏃、鐵帶扣、石臼和陶片。霸王朝山城聳立渾江東岸，居高臨下，與北屯原城互為犄角，既扼住了渾江通往新開河川谷的咽喉，又控制了入泉眼溝，繞道南下進攻都城的關口，是當年高句麗設在南道上的重要防守城堡之一。

▲ 霸王朝山城古城牆近景

洞溝古墓群

　　洞溝古墓群有高句麗時期墓葬近七千座，散布於通溝平原的山麓和坡地上。按地形地貌和分布密集程度可分麻線、萬寶汀、七星山、山城下、禹山、下解放和長川七個墓區，分布在東西長二十五千米、南北寬五千米寬的區域內。墓群中有將軍墳、好太王陵、千秋墓、西大墓等高句麗王陵。有五盔墳四五號墓、角觝墓、舞踴墓、長川一號墓等繪有絢麗多彩壁畫的高句麗貴族墓葬。洞溝古墓群分布廣大，內涵豐富，堪稱高句麗歷史文化遺產的寶庫。

　　一九六一年，公布為全國重點文物保護單位。

▲ 洞溝古墓群長川1號墓北壁壁畫

江沿墓群

　　江沿墓群位於通化市金廠鎮江沿村六組和通化縣快大茂鎮下龍頭村與龍崗村之間的渾江兩岸階地之上。

　　根據行政區劃，渾江左岸為通化市東昌區所轄，稱之為南頭屯古墓群；渾江右岸為通化縣所轄，稱之為下龍頭古墓群。兩墓群隔江相望，彼此呼應。其中南頭屯古墓群現存古墓葬四十餘座，下龍頭古墓群現存四十六座。其墓葬形制大體相同，均為階壇壙室墓和階壇石室墓兩種。兩墓群中各有一串墓，南頭屯串墓為兩座，下龍頭串墓為三座。墓葬規模一般為直徑七至八米，南頭屯大

▲ 江沿墓群的介紹說明

檯子墓區較大的一座邊長達九點八米，並帶有像徵墓道的刀柄形積石帶，即所謂刀形墓。根據墓葬形制及周圍遺址的年代推斷，兩處墓群的年代亦當在先高句麗時期和高句麗早期。在該墓群周圍還有同時期墓群多處，如繁榮古墓群、龍勝古墓群、夾皮古墓群等。這些墓群的墓葬形制基本相同，其中在夾皮墓群中的一座被破壞的古墓發現並採集到與各遺址中完全相同的黑褐色夾砂陶片。在南頭屯古墓群範圍內採集到石刀殘段一件。這些零星遺物的發現，對墓葬的斷代推斷提供了佐證。

▲ 南頭屯古墓群遺址一角

▲ 下龍頭古墓群遺址一角

　　該墓群對高句麗先期和早期的區分與斷代，以及同遺址的相互印證將起到重要的作用。兩種不同的墓葬形制對濊、貊兩族融合過程中所體現出的不同葬式與習俗研究，有著重要的研究價值和意義。

向陽古墓遺址

　　向陽古墓群位於通化市二道江區鴨園鎮向陽村的南部，北距渾江約四千米。小羅圈溝河自南而北注入渾江，古墓就分布在河兩岸的耕地中。

　　目前已發現古墓十六座，且分布無規律，為小型封土石室墓、積室墓兩種。它們分別代表了高句麗不同時期、不同身分的墓葬特點，是小羅圈溝河區域內的一處重要的遺存，而且延續使用年代較長。由於年代久遠、水土流失，部分墓室石塊裸露於地表。外表看，大部分墓室已經坍塌，有些墓葬基本夷為平地。根據該墓群的規模和墓葬的形式推測，這是高句麗時期一處較為重要的墓群，對於研究高句麗時期的殯葬、疆域及國家政治、經濟文化和民俗文化有重要價值。

▲ 向陽古墓群遺址一角

一九八六年，通化市人民政府將其公布為第一批重點文物保護單位。二〇〇二年，通化市人民政府下發了《關於重新公布第三批市級文物保護單位及保護範圍的通知》，規定了保護範圍，聘任業餘保護員，還在墓群東側設立一處保護標誌牌。二〇〇六年，又被吉林省人民政府公布為省重點文物保護單位。

▲ 向陽古墓群保護標誌牌正面

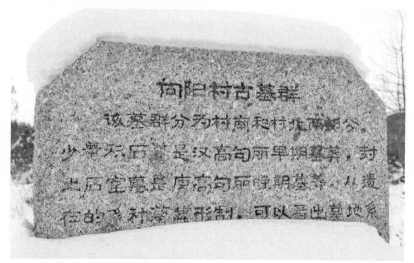

▲ 向陽古墓群保護標誌牌背面

慶雲摩崖石刻

慶雲摩崖石刻位於梅河口市小楊鄉慶雲村北0.5千米的半截山之南坡，碑文係金代收國二年（西元1116年）刻。

摩崖石刻銘勒在距地表22米的半山腰一塊凸出的砬石上。砬石自上至下有一道裂隙，將石壁表面分成兩部分（東側石壁較另塊稍凸出於外），碑文分別鐫在兩側的石壁之上。東側石壁南偏東，石高2.45米，面寬1.1-2.5米不等，右上角刻有「大金太祖大破遼軍於節山息馬立石」三行十五字，右起豎書楷字，字跡清晰。其左側另有女真字四行二十三字，大約是漢字的對譯。西側石壁高約2米，寬1.1米，面向東南，上凸出部分刻有三行計十四個女真字，據金啟綜先生譯為：「番安兒必罕的謀克董之文。」中部刻有女真字七行，前五行每行十四至十五字不等，後兩行每行僅四五字。據孫進已先生譯釋，為「我父

▲ 慶雲摩崖石刻遺址

▲ 摩崖石刻女真字碑文

阿台於收國二年五月五日，率領家族和部落，集合至番安兒之原。擒獲頗多，因以謀克為孛堇」。記載了金代初期發生在海龍（今梅河口）一帶的戰爭。此石刻發現較早，清光緒年間楊同桂的《瀋故》中已有記載，是我國僅存的幾塊女真字碑之一。1961年被列為省級重點文物保護單位。

▌輝發古城

　　輝發城位於輝南縣輝發城鎮西南四千米的輝發山上，依山面水，地處交通要道，是明代女真扈倫四部之一輝發部的都城，萬曆三十五年（西元1607年）九月被努爾哈赤率軍攻陷。

　　輝發山為東南——西北走向，山上有兩個突起的山峰，在兩峰之間地勢稍凹，形如馬鞍，輝發城就雄踞在輝發山巔和山下的台地上。該城的地理形態十分險要，築城亦精心選擇，城址三面環水，一面臨廣闊的河谷平原。城分內中外三層，隨山勢走向修築城牆而成。外城周長一八八四米，呈橢圓形，東西各有一門。中城在其南半部，牆上有兩門，周長八九二米。內城周長五九八米，為全城最高處。南部高台上有大型宮殿址，東北和西南各有一門，通中城和外城。遺物豐富，出土有磚瓦等建築構件、金器、銅器、鐵器、料器、骨器和「萬曆」年款的精美瓷器，是研究明代女真族歷史的重要遺址。

　　二〇〇六年被公布為全國重點文物保護單位。

▲ 輝發古城遠景

▲ 輝發古城局部

▲ 輝發古城出土的五彩罐

▲ 輝發古城出土的小口罐

老把頭墳

　　老把頭墳位於市經濟開發區灣灣川村東側，坐落在渾江右岸的二級階地之上。墓葬坐北朝南，為圓形封土墓。其外緣以兩層方形花崗岩壘砌，直徑三點八米，墓高一點三米。墓碑為花崗岩石質，底端嵌入方形花崗岩碑座。墓碑上鐫刻楷體豎書：採參祖師爺孫良墓。碑高○點九○米，寬○點三○米。在墓右後方的巨型臥牛石上鐫刻著孫良的打油詩：家住萊陽本姓孫，漂洋過海來挖參，路上丟了親兄弟，沿著蝲蛄河往上尋，三天吃了個蝲蝲蛄，不找到兄弟不甘心。

　　清中後期，隨著清王朝的日益衰敗，加之內憂外患，百姓民不聊生，朝廷無暇顧及其封禁之地。因此，關內一些百姓衝破重重障礙闖入關東，來到長白山區採參、伐木、挖藥材。人們來此地挖參見到石頭上的詩句，知道曾有人來過這裡，深為敬佩，都稱他是「老把頭」「採參祖師爺」。所以，在臥牛石旁為他修建了墳墓，又在山坡上修建了老把頭廟。該墓稱作「老把頭墳」。每逢農曆三月十六日，人們都要來到墳前祭拜，以求採參老把頭保佑，並將次日作為放山者的節日。人們無論進山伐木、打獵、採參、挖藥，均要祭拜老把頭，後來就形成了長白山區的民間風俗，一直保留至今。

通化清真寺

　　通化清真寺坐落在市區西山腳下。由於伊斯蘭教要求教徒禮拜時面向西方，朝向聖地麥加，因而寺的方位與一般坐北朝南的傳統不同，清真寺為坐西朝東。

　　清光緒四年（西元1878年）開始修建，當時僅建草房五間。光緒二十九年（西元1903年）大興土木，擴建為占地二百餘畝的清真寺建築群。原建築分為前、內、後三進院落布局，砌有青磚圍牆。前院有一大門樓，兩側均開有拱門，東向七十五度。現前院圍牆與門樓已毀無蹤跡。前院的南北兩側原有房屋數間，其中有飯廳和倉庫。這些房屋也先後被毀，現已由居民住宅取代。

　　清真寺建築群現存只有內院及其建築。內院分為雙脊小門樓，門樓內南北各築一拱門，現僅存北邊一門，南門已堵塞。門樓內面積為五點四六平方米。

▲ 新建清真寺建築局部

▲ 新建清真寺內大廳

內門外兩側，各雕一塊竹節鑲邊的楹聯。上聯陽刻「中通外堅」，下聯「守白知黑」。門楣上木匾書有「清真寺」三個大字。內門正對著拜殿，拜殿兩側有南北講堂，各為三間。院內有十字形小路和花池。總面積為三七四點六四平方米。

　　拜殿為磨磚對縫砌築，十梁二十柱雙屋脊，建築面積三五〇平方米，是清真寺的主體建築。拜殿前為抱廈三間，即廊廡。有朱紅木柱八楹，兩側四楹有的砌於牆內，有的一半外露。上接鬥拱飛簷，下抵鼓角石礎上。梁柁上雙掛柱兩側，雕有彩繪海水朝陽鏤空裝飾圖案。抱廈兩山牆梁下內壁，磨磚框內白地紅字。梁上海水朝陽圖案上面為水墨山水壁畫，有的地方已經剝落。房架為雙檀雙糾，堅固耐久。抱廈簷下彩繪透雕，兩山牆簷下磚雕彩色鏤空花紋，上刻阿文《古蘭經》段落。

　　抱廈與正殿屋簷連成一體。抱廈脊低，正殿脊高。正殿南北兩端各開兩窗，一為八角券窗，一為方窗。方窗外部窗楣上有浮雕磚科花紋圖案鏤空萬字

套環，下部浮雕彩繪白菜圖案。脫鞋而入，即是整個三間做禮拜的大廳。正廳中間向後伸出一正方形高廳，稱遙殿。遙殿近四角處，各有一通天圓柱，直通亭頂。南北牆有一圓券窗。遙殿外觀為四角雙層亭。雙簷廡殿式亭頂，斗栱飛簷，簷角上翹，攢尖高高聳立。亭高二十米，是清真寺建築群中的最高建築。

拜殿山牆以後為後院，後院原有葬具室、水井、果樹園等，現僅存沐浴室三間。

清真寺的建築，磚木結構，青磚青瓦，古色古香。彩繪木雕和磚雕圖案，均以幾何紋及蓮花等植物紋為主，具有伊斯蘭風格。構圖生動，做工精巧，充分體現了我國古建築的藝術風格，是通化市現存最久的古建築，為研究清代建築藝術提供了實物例證。

一九八六年十月七日，通化市人民政府將通化清真寺公布為第二批市級重點文物保護單位，並規定隸屬東昌區管理。此間東昌區及市政府雖數次投資整修，卻因年限久遠，舊禮拜殿確已堪危。二〇〇五年，修正藥業監事長李豔華挺身承諾投資主體，寺管會、市民委風疾斡旋，決定於寺內北山坡另建新殿。是秋破土開山；翌年，中東式樓閣傍山而起，清真古寺勝景平添。斯時，遠觀其落，短柵框四字，青磚積老牆，古殿擁新廈，樓台映瓊閣，院落相套，疊疊而起；近看其閣，院中起高台，台上築其樓，劈山進道，拔地而起，邦克樓檑格窗層層拱扶，金圓頂月牙針直上雲霄。

寶泉湧酒坊

　　寶泉湧酒坊遺址位於通化縣大泉源鄉大泉源村寶泉街，主要由木製酒海群、古發酵窖池、古井、古甑鍋爐灶四個遺跡單位組成，其中木製酒海為五十三個，已發掘出土的古發酵窖池一座（未挖掘的約一百多座），古井一口，古甑鍋爐灶一座。

　　寶泉湧酒坊是一八八四年（光緒十年）擴建投產的，當時酒廠占地面積二十多畝，是當時通化一帶規模最大的一座酒坊。新中國成立後近六十年的時間裡，寶泉湧酒坊幾度更名，但釀酒生產從未間斷過，成為今天的大泉源酒業有限公司。寶泉湧酒坊現存的四處遺跡：木製酒海世代傳承、延續使用屬可移動文物；在地下發掘出的古井、古甑鍋灶台、古發酵窖池屬不可移動文物。

　　清代寶泉湧酒坊屬近現代重要的工業史蹟。酒坊內遺存的古井、古發酵窖池、古甑鍋灶台、木製酒海是國內為數不多的完整體現釀酒工藝流程的文化遺存之一。該遺存對研究東北地區傳統的釀酒工藝及歷史文化，有著重要的價值和意義，它的發掘、保護和利用，可充分展示其傳統的釀造技藝與深厚的歷史

▲ 大泉源酒業有限公司正門

▲ 工人正在釀酒

文化底蘊。二〇〇八年大泉源酒傳統釀造技藝被國務院批准為第二批國家級非物質文化遺產。二〇〇五年至二〇〇七年，吉林省文物部門對寶泉湧酒坊遺存進行考古發掘後，企業加大了對遺址的保護。在文物保護部門的指導下，企業自

▲ 省級博物館——寶泉湧酒坊舊址

籌資金建設了博物館，對古井進行了清理，對古甗鍋灶台加防護罩保護，對博物館室內的古發酵窖池進行圍圈保護，對木製酒海群存放的庫房進行修繕，對古酒海繼續儲酒及對整個遺址進行總體保護。

通化老商會舊址

在通化市區東昌街民安路十二號，有一座殘破不堪的青磚二層樓房，這就是通化老商會遺址，是通化市目前僅存的四處百年老建築之一。

這座古建築承載和見證了山城通化抗日鬥爭、解放戰爭、抗美援朝、社會主義改造和社會主義建設時期的革命史，以及日偽統治時期民族被奴役的屈辱史。

據《通化市商業志》《通化縣志》《通化市志》記載：通化商務會始建於1906年（光緒三十二年，稱通化商務會所，後改為商務會）。商務會是工商業者為維護營業利益而組成的民間團體，既是工商業界的代言機關，也是政府對商人進行管理的組織。1921年由通化商務會會長解起雲籌資大洋一點八萬元，在城東北隅修建了商務會辦事處，是一座坐北朝南的四合院。正門為三間兩層樓。門樓牆外側配有耳房，樓頂砌有兩米多高的女兒牆，四個方形磚垛中凸鑲

▲ 火災後的商會遺址

▲ 通化老商會舊址

著「全城在望」四個黑色楷書大字。後院內正房大廳及東西廂房各五間，院落占地面積兩千餘平方米。現在殘存的是正面門樓。

　　當時通化因得渾江之利，上通八道江，下達安東（丹東），艅筏航運發達，商賈雲集，商貿繁榮，商務會發揮重要作用，使通化成為長白山地區的物資集散地、商貿中心，被譽為東邊道第一城。通化淪陷前，1932年8月15日，張學良派石培基、康樂三、秦喜麟來通化，宣布在通化建立遼寧省政府，委任唐聚五代理省主席兼遼寧民眾自衛軍總司令，任命王鳳閣為十九路軍總司令。8月21日在商務會大院舉行了就職儀式，動員部署迎擊日寇。1937年7月1日，偽滿洲國政府頒令建立通化省，省公署辦公地點就設在通化商務會大院，直到1942年秋搬遷到了新建成的省公署大樓（柳條溝正門的「飛機樓」）。1945年9月，商務會大院成為了國民黨通化市縣黨部。1947年5月22日通化二次解放後，商務會大院成為通化地區行政幹部學習班。新中國成立後成為通化市工商聯合會，直到1964年市工商聯合會搬出此院。

　　這座充滿史實傳奇故事的古建築，以其歷史的沉積，默默親歷著通化的滄桑，見證著通化的發展，以其歷史研究價值和不可再生的文物價值，成為通化市歷史學、古建築學的標本，成為對廣大市民和學生進行愛國主義教育的生動教材，也是展示通化厚重歷史文化底蘊，開發城市文化旅遊的寶貴資源。

世界第一大山葡萄酒窖

　　世界第一大山葡萄酒原酒地下貯酒窖，位於通化市葡萄酒公司生產區內，為鋼筋混凝土結構，總面積為10430平方米，有貯酒橡木桶七百七十二個。橡木桶採用長白山原始森林百年橡樹製作，可貯藏山葡萄原酒18000噸。室內常年恆溫保持在十五至十六攝氏度。

　　通化市葡萄酒公司地處市區東北部，渾江東岸沖積平原上，占地面積90000平方米，始建於一九三七年，由當時的手工作坊發展而來。經過多年的發展，成為國內著名的葡萄酒企業。優質的山葡萄原料、傳統的釀造工藝、世界第一大山葡萄酒原酒地下貯酒窖，使通化葡萄酒名列葡萄酒之冠，走向世界，被中國釀酒專家譽為世界葡萄酒中的一顆明珠。

　　從一九五六年開始，通化葡萄酒就作為國宴用酒，受到國家領導人和外賓的一致好評。一九五九年，中華人民共和國成立十年大慶，受國家有關部門委

▲ 通化市葡萄酒公司酒窖正門

▲ 通化市葡萄酒公司酒窖

託，通化葡萄酒公司試製了中國通化葡萄酒（精製），為國慶獻禮。周恩來總理特將此酒命名為「國慶」酒，此後多年為國宴和兩會用酒。

自一九五四年對外出口以來，通化葡萄酒遠銷美國、德國、比利時、澳大利亞、俄羅斯、日本、馬來西亞、韓國等三十多個國家和香港等地區。

▲ 通化市葡萄酒公司部分展品

▲ 通化市葡萄酒公司曾獲榮譽

玉皇山公園

　　玉皇山位於市區中心，山景清幽，疏林掩映，風景四時絕佳。山上東西北三面屏立，中臥一塊小盆地建有玉皇閣廟，玉皇山因此而得名。

　　玉皇山南臨江流，巍峨峭拔自成奇峰。峰下渾江波蕩清漣，山石倒映水中。春花秋葉，緋紅點點；朝照紅霞，暮陽如血，遊人忘返。清澈的渾江水，繞玉皇山崖南麓而過，宛如一條長帶，飄忽穿越市區，浩浩西流。美麗的玉皇山處處宛若圖畫，為通化自然景觀第一名勝。

　　通化建治時短，古蹟渺然。光緒初年，縣城人煙稀少，山林荒僻，居民中多迷信。玉皇山蓬蒿之間有數處小廟，供奉山神土地、狐仙、老把頭。民間有「廟小神通大」之說，所以山上常年香火不斷。至光緒末年，隨著人煙稠密、經濟發達，香客紛紛出資，因陋就簡修建玉皇閣。民國九年春，通化縣父母官潘德荃潘監督，奉令又修建了關岳廟。大殿的前院有古柳一株，柳下有一泉眼，水甜而冽，冬暖夏涼，人稱神水。殿前左側，立碑「記玉皇山銘」述其始末由來，為當時通化才子宮憲斌撰文，李明湖書之。從此，玉皇山建築群初具

▲ 玉皇山正門

▲ 玉皇山內玉皇閣

規模。一九三二年，由縣城各大商號贊助集資，士紳戰寶山領工，又一次大興土木加以擴建，改為天成宮。天成宮南，建有忠烈祠，門有長聯：浩氣歸九空神兮來游化做天半春風嶺頭秋月，咫尺若千里望而不見直欲踢翻江水踏倒山林。匾額「忠烈

▲ 玉皇閣一角

祠」三字，據說是東邊道道尹王理堂所書。東側崖畔建有潘公祠，是市民為紀念江蘇宜興人氏潘德荃監督治理通化之功德所建。民國十六年《通化縣志》有「公治通十年，遺愛在民，心身俱瘁，竟卒於民國九年。春秋五十有二，人民感之……」的記載。潘公祠東三間殿堂為龍王廟。天成宮西坡建有娘娘廟。整個山上垣宇宏敞，殿陛莊嚴，構成一帶幽靜的仙境。

▲ 玉皇山內烈士陵園

每年陰曆四月十八是玉皇山廟會，時逢桃紅柳綠春暖花開，是一年一度最熱鬧的日子。善男信女傾城而至，廟會上雜貨攤床，應時食品應有盡有，展現著一派古老傳統的民風民俗。鄰縣數百里都來趕廟會，遊人香客數萬計，香火豐盛。倘是風調雨順的大豐收年景那就更加熱鬧，門前對台大戲連唱三天。

據說，玉皇廟山門早年有副木雕的對聯，寫的是：暮鼓晨鐘警醒塵寰名利客，講經說法喚回苦海夢迷人。後來因說這對子有反滿抗日隱語之嫌，被強令

▲ 玉皇山內烈士紀念塔

取下。但廟住持為繼遺風法規，每年春節都用黃表紙墨書，仍舊貼在山門上。

　　玉皇山和通化人民一樣，經歷了悲壯的過去。一九〇五年，日俄兩個帝國主義侵略者在我國東北進行爭奪戰，把戰火燒到通化，玉皇山橫遭洗劫頃刻塗炭，成了腥風血雨的戰場。一九二七年東境紅土崖官逼民反，大刀會蜂擁而起，進攻通化城，玉皇山首當其衝成必爭之地，一經喋血鏖戰，屍堆成山。皚皚白雪覆蓋的玉皇山，一片淨土變為鬼蜮。一九三七年四月六日，抗日名將王鳳閣被俘，越十日，全家被殺害在玉皇山下。

　　玉皇山在歷史的風風雨雨中，經歷了無情考驗。新中國成立後，玉皇山闢為公園，廟堂一新，金身重塑，築起烈士豐碑。臨江諸峰都修建瞭望江亭，增設了遊樂設施和動物園，修造了魚塘花圃，盡人遊興。今非昔比的玉皇山，每當旭日破霧吐妍，渾江浮光耀金，伴著殿堂傳出的悠悠晨鐘，呈現出一片明麗的境天。

楊靖宇烈士陵園

　　靖宇陵園是以紀念楊靖宇將軍和東北抗日聯軍為主題的烈士陵園，由楊靖宇烈士陵園和東北抗日聯軍紀念館組成。

　　楊靖宇烈士陵園是偉大的抗日英雄楊靖宇將軍的安葬地。陵園占地兩萬平方米，由五座民族式建築物組成。正面主體建築為靈堂和墓室，兩側四個偏殿為陳列室。陵園中央巍然矗立著楊靖宇將軍的高大戎裝銅像。陵園內，松柏參天，花團錦簇，莊嚴肅穆，宏偉壯觀。陵墓內的民族式棺柩中安葬著楊靖宇將軍的遺首遺骨。陳列室展出的是楊靖宇將軍青少年時期的遺物和他在抗日戰爭艱苦歲月裡的一些用品和戰利品等有關文物、文獻、照片，共二百八十餘件。

　　坐落在景區內的東北抗日聯軍紀念館，記錄了東北抗日聯軍堅苦卓絕的抗日鬥爭歷程。紀念館占地三八〇〇平方米，展覽面積十八萬平方米。基本陳列

▲ 楊靖宇銅像

▲ 東北抗日聯軍紀念館

廳由屈辱篇民族苦難、義勇篇還我山河、眾志篇風火關東、喋血篇配合抗戰、艱苦篇烈愾英魂、勝利篇東北光復等七部分組成。館內展出照片三百五十六張，實物三百四十四件。

這一園一館分別建於1954年和2003年。1953年，中國人民志願軍歸國代表團拜謁東北烈士紀念館，對楊靖宇將軍英勇悲壯的一生極為敬佩。當得知將軍此時仍身首異地時，便聯名建議在將軍戰鬥過的地方為其修建陵園，以弘揚偉大的愛國精神，教育子孫後代。經東北人民政府批准，在楊靖宇戰鬥、殉國地方修建楊靖宇烈士陵園。1954年開始建設，1957年建成。2005年是靖宇將軍誕辰一百週年、中國人民抗日戰爭和世界反法西斯戰爭勝利六十週年。經中辦、國辦批覆同意，從2003年開始，對靖宇陵園進行維修改造並新建東北抗日聯軍紀念館，以填補東北抗日聯軍紀念場館的空白。紀念館於2005年8月正式對外展出。

歷年來，黨和國家領導人胡耀邦、楊尚昆、彭真、胡啟立、王恩茂、林麗

蘊、顧秀蓮等先後拜謁靖宇陵園並題詞。靖宇烈士陵園是全國重點烈士紀念建築物保護單位。1996年被國家六部委確定為全國一百個中小學愛國主義教育基地之一。1997年被中宣部命名為全國愛國主義教育示範基地。2004年7月被中宣部、民政部、人事部、文化部授予「全國愛國主義教育示範基地先進單位」榮譽稱號。被國家確定為全國「紅色旅遊」經典景區重點建設單位。同時，也是「全省愛國主義教育基地」「全省國防教育基地」「全省黨史教育基地」。2006年，被國家旅遊局批准為國家AAAA級旅遊景區。陵區年接待國內外參謁群眾和中小學生十餘萬人次。在愛國主義教育、國防教育和社會主義精神文明教育等方面發揮了重要作用。

▲ 楊靖宇烈士陵園內的「抗聯組標」

抗美援朝烈士陵園

抗美援朝烈士陵園位於通化市區玉皇山公園內，坐落在山腰部的山坳中。一九五八年三月，在原忠烈祠舊址建成開放。陵園內分別葬有抗日戰爭、解放戰爭和抗美援朝戰爭中犧牲的革命烈士。烈士紀念塔坐落在烈士陵園東面山峰的東側。該塔為紀念解放通化的戰爭中犧牲的烈士修建。

一九六一年五月二十二日，通化市人民委員會將烈士陵園同烈士紀念塔一併列為市級文物保護單位。

▲ 抗美援朝烈士陵園遠景

▲ 駐通部隊、學校、機關開展拜謁活動

高志航紀念館

　　高志航紀念館是在高志航故居的基礎上保持原貌建設的。該館位於吉林省通化市東昌區龍泉路四十號，占地面積二三〇平方米，故居為四百平方米的二層樓房。一九九六年被通化市人民政府公布為市級文物保護單位，二〇〇二年被列為通化市愛國主義教育基地，二〇〇六年被列為吉林省愛國主義教育基地，二〇〇七年被公布為吉林省文物保護單位。

　　高志航原名高銘玖，字子恆。一九〇八年五月十四日出生於吉林省通化縣三棵榆樹村一個淳樸的農民家庭。一九二四年投筆從戎，考入東北陸軍軍官學校。先後到法國和意大利學習飛機駕駛和空軍驅逐技術，取得優異成績後回國。歷任東北航空少校駕駛員、空軍中尉分隊長、第四大隊中校大隊長。

　　一九三七年，「八一三」淞滬抗戰爆發，日軍出動百架轟炸機對我江蘇、

▲ 高志航紀念館一角

▲ 高志航紀念館一角

浙江兩省進行狂轟濫炸。當時中國空軍戰機較少且性能較差。八月十四日，高志航主動率隊迎敵，在杭州筧橋上空與日本侵略者的木更津航空隊激戰。高志航用嫻熟的技術打下第一架敵機，在戰友們密切配合下又連續擊落五架日機，開創了中國空軍對日作戰的首捷紀錄六比零，取得震驚中外的「八一四」空戰重大勝利。同年十月，日軍偷襲周家口機場時，眼見日飛機已飛到了頭頂，他飛跑著衝進機艙想要與日軍再決高下。不料，早有準備的日軍便將炸彈投在主機上，高志航、機械長、機械師等六人殉國。犧牲時高志航雙手還緊緊握著飛機的操縱桿，時年三十一歲。

　　一代英傑未在空中戰死，卻在日軍偷襲中殉國。空軍第四大隊即被命名為「志航大隊」，八月十四日這天被中國政府定為空軍節。一九九三年七月十八日，台灣出版《高志航傳》，九十二歲高齡的張學良將軍抱病親自為該書題字：「東北飛鷹，空軍戰魂。」

▲ 高志航紀念館一角

　　為緬懷英烈的豐功偉績，二〇一〇年通化市政府對高志航紀念館重新修
繕，展陳面積增至四百平方米，分為少年壯志、志在航空、空軍戰魂、血灑碧
空、深切緬懷五個主題展室。通過文物陳列、場景復原等多種展列方法，全方
位、多角度地展示了抗日戰爭時期，中國空軍將領高志航短暫而光輝的人生歷
程，弘揚了以高志航為代表的一大批中國空軍英烈崇高的愛國主義精神和英勇
無畏、奮勇殺敵的頑強戰鬥作風，教育並激勵中華兒女牢記歷史，勿忘國恥，
為實現中華民族的偉大復興而奮鬥。

吉林龍灣群國家森林公園

　　吉林龍灣群國家森林公園，是國家AAAA級景區，位於長白山脈西北麓龍崗山脈中段，輝南森林經營局施業區內，於1992年經國家林業局批準成立。總面積8102公頃，其中森林面積6780公頃，水域面積220公頃。公園內森林茂密、流泉縱橫，湖泊眾多，火山地貌特徵顯著，生態系統完整優良，生物物種豐富多樣，規劃為「七灣、一瀑、兩頂」十大景區。

　　「七灣」，是由古地質年代火山運動形成的七處低平火山口湖（地質學稱其為「瑪珥湖」），當地人稱其為「龍灣」，即大龍灣、二龍灣、三角龍灣、東龍灣、南龍灣、小龍灣、旱龍灣。七個龍灣平均水深62米，最大水深127米，分布在方圓不足30千米的範圍內，空間密度之大、數量之多、成因之典型、保存之完整，國內罕見，被火山地質專家們譽為「中國空間密度最大的火山口湖

▲ 秋天的三角龍灣

▲ 俯瞰大龍灣

群」和「世界最典型的瑪珥湖群」。「一瀑」即「吊水壺」瀑布，是由火山運動導致河床斷疊形成的河谷落差。「兩頂」，即金龍頂、四方頂，是兩座海拔千米左右的玄武岩質火山錐。因火山遺存豐富和生態景觀奇特而具有觀賞、遊憩與科考價值。這些火山地質遺存和生態景觀，既是難得的科考範例，又是得天獨厚的森林生態旅遊資源。

▲ 吊水壺瀑布冬景

白雞峰國家森林公園

　　白雞峰國家森林公園是集山水、珍稀動植物及歷史人文景觀為一體的生態旅遊景區，園區總面積1041公頃，平均海拔600米左右，森林覆蓋率為98.7%。

　　公園主要由天橋、三岔、吳里常三條溝系組成。景區內有海拔千米以上山峰八座，其中偏於山地南部的主峰白雞峰海拔1318.3米，為通化市區一帶最高峰。

　　森林植被大部分為針闊混交林，主要樹種有紅松、雲冷杉、柞、樺。珍稀樹種有紅豆杉、刺楸、山槐、天女木蘭等。樹冠下主要有野山參、刺

▲ 白雞峰全景

人參、細辛等藥材及一百六十種植物。

　　國家保護動物三十二種。其中一級保護動物有東北虎、獅子、紫貂、金雕等，二級保護動物有猴、猞猁、黑熊、梅花鹿、水獺、鴛鴦等，其他動物有野豬、狍、貉、孔雀、雉雞、中國林蛙、蝮蛇等。

　　園區一年四季各有獨具魅力的景觀。春看山花爛漫，夏遊森林瀑泉，秋觀漫山紅葉，冬踏林海雪原。公園內設豪華賓館、山莊，服務設施完備。

▲ 遊客在白雞峰景區遊玩

　　歷史上天橋溝有通往集安、平壤、首爾的東北亞絲綢之路古道。吳里常溝是清朝光緒年間採得大棒槌（野人參）吳裡常的挖參之地。老道溝有東北抗聯密營的遺址，人文景觀十分豐富。近年來景區和教育局等單位合作，將園區建設成為中小學生的科普基地，實現了其科普價值。

▌千葉湖風景區

　　千葉湖風景區位於長白山西南老嶺山脈的延伸帶上，是地質構造運動中形成的天然湖泊。景區森林茂密，空氣清新，宛如仙境。

　　該景區是集滑雪、滑水、滑草、滑道、餐飲（野營）、住宿於一體的四級旅遊休閒運動場所，為國家AA級風景區。景區占地一百萬平方米，主要由千葉湖、高山林區和抗聯遺址三部分組成。千葉湖水深十三米，人稱「小天池」，

▼ 千葉湖風景區滑雪場地

▲ 遊客在千葉湖風景區滑雪場地遊玩

旱澇無漲落。高山林區植被繁茂，四季分明，有林木一百多種。抗聯遺址由抗聯密營舊址、將軍草坪、抗聯防禦工事、高地工事等部分組成。另外，景區建有高級、中級、初級三條專項旅遊滑雪道。景區夏季可開展水上運動、滑草、滑沙等；冬季開展滑雪、湖面滑冰等運動。歷史上，日偽政權曾在此修建滑雪場，供日軍訓練所用。東北抗日聯軍也曾在此建立密營，開展抗日救國運動。現在，景區每年夏季都開展抗聯密營紅色之旅；冬季開展「千葉湖冬捕節」、聖誕節篝火狂歡節等節日活動，吸引了大批遊客前來觀光旅遊。

通化滑雪場

　　通化滑雪場是以冬季滑雪為主的旅遊休閒運動場所，二十世紀五〇年代初由中蘇專家選址設計，1957年由國家投資修建的第一座標準滑雪場。

　　該滑雪場有高級滑道兩條，占地面積十八萬平方米，海拔972米，落差近600米。冬季雪量大且存期長，為我國東北最優質的雪道。滑雪場還建有高山索道一條，長約1000米，於1977年開工，1978年建成，是國內滑雪場開建的最早索道。滑雪場依山傍水，林密風輕，環境優美。冬季雪期長，雪質優，風速小。雪場可滑期從當年11月中旬到次年3月初，長達四個月之久。若在造雪機造雪的情況下，可提前一個月滑雪。這裡曾多次舉行過全國賽會，為我國培養了第一批雪上健將和奧運會選手、亞運會選手。

▲ 遊客在滑雪

通化雲霞洞

通化雲霞洞位於二道江區鴨園鎮以東三千米的萬壽山上，是長白山西麓火山群中最為典型的一座常溶洞，是國家AAA級旅遊景區。景區占地面積八十萬平方米，分為溶洞核心區、休閒度假區、娛樂遊戲區和商務服務區等多個功能區。洞外配套景點十二處，景觀工程四十二項。

該洞是第四紀火山活動所遺留下的一處天然洞穴。洞道高低起伏，左右迂迴，總長超過四千米，串聯起十個各具特色的大型洞廳。廳中怪石嶙峋，千姿

▼ 雲霞洞洞外雪景

▲ 雲霞洞洞內鐘乳岩景觀

百態，不僅有火山活動遺留下的氣勢恢宏的岩漿通道，更記錄了長白山地從六億年前至今的地質演變過程。作為典型的岩溶構造，通化雲霞洞已被寫進二〇〇九年版的高中地理實驗教材。業內人士評價：通化雲霞洞是目前國內最大的火山岩溶洞、中國北方最富魅力溶洞景觀和長白山科考最理想的岩石標本庫，價值巨大，已經成為集景色觀賞、科學考察、體驗探險和休閒度假為一體的旅遊度假勝地。

　　該洞是冬季抗寒夏季避暑的旅遊最佳選擇地。通過石灰岩地下水長期的溶蝕，形成了風貌奇特的鐘乳石王國。洞內石鐘乳、石筍、石柱、石蔓、石管、

▲ 雲霞洞洞內一角

石花、石瀑、石珊瑚等形狀絕妙。鐘乳石形成的觀世音、福祿壽三星、女媧、碧水金睛獸、巨龜、寶塔等造型惟妙惟肖，令人心魄震驚，歎為觀止。更有神奇色彩的鈣化池梯田——長白神田，是岩溶水在一定的水力坡度下呈扇狀、放射狀運動沉積而成。從高向下，層次錯落有致，水流視覺極其清澈、純淨、甘甜，緩慢且有節奏般地順勢流淌。加之洞內裝有高科技的燈光音響設施，使得整個溶洞流光溢彩，令人驚嘆地欣賞到洞之大、洞之長、洞之深、洞之奇，將鐘乳石的風采明媚幽雅地展現在世人面前。風景迷人的觀光通道長達四千餘米，猶如一條瑰麗的地下長廊，又儼然一座石室宮殿。洞內常年溫度在零上九

攝氏度，具有醫學療養價值。洞內空氣中的負離子對某些疾病，如重感冒、鼻
竇炎、哮喘病有一定的療效。

　　這座斑斕輝煌的地下藝術宮殿，不僅有很高的旅遊價值、美學價值，而且
在地層學、礦物學、地貌學、水文學、地球化學、生物學、第四地質學、古氣
候學與古環境學、考古學等一系列的科學領域，極具研究價值。

▲ 雲霞洞洞內鈣化池梯田——長白神田

修正博物館

　　修正博物館的前身是修正展覽館，始建於二〇〇九年一月，二〇一〇年五月二十日即世界計量日正式開館。二〇一〇年八月，吉林省文物局正式批准修正展覽館的成立。二〇一二年二月再經吉林省文物局批准，修正展覽館更名為修正博物館。

　　修正博物館坐落於長白山腳下林木蔥蘢、空氣清新的修正藥谷之中，是一座帶著些許古典、透著幾絲恬淡的建築，建築面積為四千平方米。經過精心的打造，短短的幾年間修正博物館已經成為藏品檔次高、展示內容豐富、展示模式先進（音像、實物、講解三維立體模式），主題突出、特色鮮明、配套設施齊全、服務優質的大型現代化博物館。

▲ 戰國陳純銅釜

▲ 西漢漏壺

　　該館由修正集團黨委書記、副總裁修淶富先生一手領導創建。他鍾愛收藏，足跡遍及大江南北，且長達三十年之久。他的收藏不僅視野寬闊，而且主題突出、特色鮮明。其藏品囊括了度量衡器、瓷器、青銅器、字畫等多個層面。既有古又有今，既有

▲ 中國古代度量衡陳列室一角

中又有外，內容十分豐富。尤其是近十年來，其收藏漸漸聚焦到度量衡器上，成為業內聞名遐邇的專家。

　　修正博物館的展區分為兩廳三室，展示的是企業文化和文物收藏兩大方面

內容。企業文化方面是以修正企業文化為主題，以修正藥業發展為特色；文物收藏方面是以度量衡器為主題，以中國古代度量衡器為特色。博物館一廳展示了修正集團的創始人、董事長修淶貴家庭及其創業情況和修正集團由小到大發展成為中國百強企業的創業歷程，著重展示了董事長修淶貴秉承「修元正本，造福蒼生」宗旨，帶領修正人奮勇拚搏，從通化市醫藥研究所，到康威藥業，

▲ 秦始皇詔鐵權

再到修正集團發展的三部曲。博物館二廳所展示的是修正藥業集團的生產架構及其生產和銷售內容，重點展示六十九個全資和控股子公司的風貌、員工的生產和文化生活風貌，「斯達舒」「消糜栓」「唯達寧」等產品取得的生產和銷售業績及榮譽。中國中藥傳統文化陳列室所展示的是中國中藥傳統文化發展歷史內容，有中草藥標本、動物標本、成品藥。兄弟堂陳列室所展示的是修淶榮收藏的古代銅鏡、錢幣，修淶華收藏的紫砂壺之豫豐壺，修淶貴收藏的宋代海撈及百餘件紫砂壺，修淶春收藏的冷兵器，共計藏品兩千六百餘件。

中國古代度量衡陳列室是修正博物館的重要展區，所展示的是度量衡及其相關內容。該陳列室根據歷史發展順序設置了「原始的測量」「春秋戰國時期的度量衡」「從商鞅變法到秦始皇統一度量衡」「兩漢度量衡」「魏晉南北朝時期的度量衡」「隋唐時期的度量衡」「宋遼金時期的度量衡」「元朝度量衡」「明朝度量衡」「清朝度量衡」「近代度量衡」「偽滿時期的度量衡」「香港地區和國外度量衡」十八個區位，藏品四千多件。其中左關銅、秦始皇詔鐵質權、秦兩詔銅權為中國古代度量衡之極品。

目前，修正博物館擁有的度量衡藏品數量為中國博物館之最。不僅如此，其展示的度量衡相關內容的深度、厚度乃至社會影響力也名列國內博物館前茅。正因為如此，在其開館之後，參觀者紛至杳來，其中不乏專家、學者，甚至海外人士。中國收藏界的泰斗史樹青老先生、文化界知名人士馬季老先生，生前皆親筆為修正博物館題詞。國家、省市領導也前來考察、調研，並給予了指導和支持。它已經成為通化重要的文化交流窗口，中央電視台為其專門製作了一期專題節目《探秘度量衡》，並在二〇一四年三月十六日央視十套探索與發現欄目播出。這部專題片填補了我國度量衡收藏與研究史上的空白。同年三月末，中央財政又下撥專款，支持修正博物館的藏品保護與設施建設。

修正集團正在啟動修正博物館擴建工程，著力將其打造成國家知名的企業文化、計量文化發展與教育基地、國家乃至世界知名的博物館。

吉林省長白山人參博物館

吉林省長白山人參博物館經吉林省文物局、通化市文物局批准，由吉林老參堂科技發展股份有限公司投資三千萬元，歷時三年建成，二〇一二年九月二十四日開館。

博物館位於風光秀麗的通化市濱江西路，仿明清古建築風格，飛簷斗栱，紅牆襯映，紅柱挺立，大氣恢宏。建築面積二千二百平方米，展館面積八百平方米，是吉林省首家民營企業自建的人參專題博物館。

博物館集人參的史詩性、傳奇性、民俗性、科學性、藝術性於一體，揭示出人參的悠久歷史、璀璨文化和科學知識。展館設「人參史考」「長白山人參文化」「人參功效」「珍寶館」四個單元。

第一單元，人參史考。重點介紹人參五千年的起源史和變遷史，古代名醫對人參的高度評價，及因人參而引發的重大歷史事件。通過深挖史料，回顧歷史，人們可以想見，如果人參是普通植物，斷不會引起震驚朝野的重大歷史事

▲ 吉林省長白山人參博物館

▲ 長白山人參博物館部分展品

件，足見人參是極其珍貴的物種。

第二單元，長白山人參文化。以放山習俗為軸心，展示出長白山人參文化的絢爛多彩和許多鮮為人知的故事。自春秋時代就有許多人參神祕性的記載，人參文化源遠流長，成為中華文明的一朵奇葩。尤其長白山人參文化因其地域性和民俗性，上千年間流傳著許多膾炙人口的諸如人參姑娘、人參娃娃的故事，是人參文化中的寶貴財富。

第三單元，人參功效。科學揭示出人參的主要成分、功效、用法及服用各種人參的區別，便於公眾深入瞭解人參的功效。因人參含有多種人體所需的有效成分，不僅有著顯著的治療和保健功效，還是護膚美容的佳品。

第四單元，珍寶館。以展示一批珍奇人參標本為主，向觀眾介紹人參種種未解之謎、人參的特殊習性及人參的鑑賞知識。其中展出的「五世同堂」老山參，為老參堂的鎮店之寶，在國內尚屬罕見。這苗珍奇的野山參在地下生長三

▲ 長白山人參博物館一角

百多年，由十三棵參組成的五世大家族，出土時仍呈錦貌童顏之態，顯示出生生不息的旺盛生命力，整枝參金碧輝煌，絢爛多姿。這苗「五世同堂」山參王有四奇。第一奇，這苗野山參參齡達三百多年，世所罕見。第二奇，「五世同堂」出土時鮮重三六六克。「七兩為參，八兩為寶」。按過去十六兩老秤算，這苗野山參重達近一斤二兩。第三奇，「五世同堂」是一株非常罕見的大家族，除了主體本身，還生長著許多大大小小的人參，有其子、孫、曾孫、玄孫相伴，實為採參業的一大奇蹟。第四奇，這是一苗苧變山參，即原先的主根因遭遇劫難死了，在遭受重創後因其頑強的生命力又轉胎再生，並衍生出一個錦貌童顏的大家族。

吉林省長白山人參博物館開館兩年多來，已接待海內外觀眾五千餘人次，得到觀眾一致好評。一些專家學者高度評價展出內容準確簡練，解說風格獨特，具有很強的感染力。

▌中國山葡萄酒博物館

　　中國山葡萄酒博物館始建於二〇一一年五月，二〇一三年全面落成並對外開放。占地面積五千平方米，展陳面積二五〇〇平方米，是國內唯一的以山葡萄酒為主題的博物館。

　　該館通過深入挖掘長白山脈野生山葡萄酒釀造技藝，傳承山葡萄酒的歷史脈搏，打造民族葡萄酒品牌等方面來展示山葡萄酒歷史淵源。展示主要分為主題序廳、酒的溯源、世界葡萄酒分布、山葡萄的品種特點、山葡萄酒釀造工藝、山葡萄酒的輝煌時刻、通天酒業為山葡萄酒產業的貢獻等部分。

▼ 中國山葡萄酒博物館

▲ 中國山葡萄酒博物館酒窖

▲ 中國山葡萄酒博物館部分展品

▲ 中國山葡萄酒博物館品酒區

　　博物館綜合運用了幻影成像技術、光纖地圖、互動交互體驗項目等多媒體展項，以粒粒葡萄的形式呈現在觀眾的面前，從而打破了傳統展廳的空間疏離感，使觀眾彷彿走進了葡萄酒文化百年歷史，切身感受葡萄酒文化的獨特魅力。

第五章 ——

文化產品

歷史的積澱，地域的滋養，民俗的薰陶，藝術家的支撐，是鍛造長白山文化產品的重要條件。諸如影響久遠的文藝作品，獨特的滿族剪紙與刺繡、木板烙畫、紅松原生態根雕……這眾多的藝術奇葩，承載著長白山地區燦爛而又厚重的文化，陳述著一個民族的遠古風情，流淌著一個民族「根」的雅韻和傳說。

抗聯故事集《火堆》

抗聯故事集《火堆》，由通化專署文衛辦編，作者金乃祥等，一九六四年吉林人民出版社出版。該故事集主要收入了楊靖宇將軍領導的東北抗日聯軍浴血奮戰、艱苦生活及長白山區人民支援抗聯同日本侵略者鬥爭等故事二十七篇。

這是第一部反映長白山區軍民在中國共產黨領導下抗日鬥爭的故事集。它以「農村通俗讀物」類發行全國，在早期對青少年愛國主義和革命傳統教育中起到了很大作用，被許多地方學校列為閱讀「紅書」之一。其中《四海山修廟》《楊司令種地》《種蘿蔔的故事》等篇章還成為其他文藝創作的素材，被改編成戲劇、美術作品廣為流傳。

▲ 金乃祥等作家創作的抗聯故事集《火堆》於1964年由吉林人民出版社出版發行

兒童文學《渡口》

《渡口》於一九七一年在《長春》文學月刊發表，一九七二年吉林人民出版社出版。作者金乃祥（筆名今新）。先後被收入人民文學出版社出版的兒童文學選集《海螺渡》、上海人民出版社出版的《虎口偵察記》等多部書籍。《渡口》主要描寫少先隊員與偷盜人參的盜賊（電影改為與敵特）勇敢、機智鬥爭的故事。曾被改編成河北梆子舞台劇，全國許多劇種均有移植，並成為當時劇團、戲校培養青少年演員的練功戲。後經作者改編成美術片電影，由上海美術電影製片廠拍攝，於一九七六年在全國放映。其大型劇照連環畫冊，被譯成英、俄、日、德、法文發行國外，文學劇本被收入上海人民出版社出版的美術電影劇本選《金色的大雁》。

▲ 兒童文學《渡口》於1972年由吉林人民出版社出版發行

▲ 兒童文學《渡口》被譯成英、俄、日、德、法文發行國外

長篇小說《梅娘》

　　長篇小說《梅娘》（以及續集《梅娘日記》），是通化市作家呂明輝的代表作，1995年出版，全書二十五萬字（續集《梅娘日記》二十萬字）。

　　《梅娘》是一部言情推理小說，通過哲學家景清和獨身女人梅娘之間的戀情，描寫了中國社會進入開放時代之後人們的思維觀念、家庭關係和感情所發生的變化。因貫穿著對生活哲理的提煉和案情的推理偵破，讀起來引人入勝，不忍釋卷。該小說當時在形式上開創了言情推理小說之先河，在內容上開創了婚外戀描寫之先河，因此引起強烈轟動，成為當年的暢銷書之一。

　　《梅娘》出版十幾年來，先後在《長春晚報》《成都晚報》《深圳晚報》《烏

▲ 呂明輝創作的言情小說《梅娘》和改名後的《不想浪漫》《沒有浪漫》

魯木齊晚報》《呼和浩特晚報》《鄭州晚報》等全國三十多家報紙連載。2003年，《梅娘》由長春電影製片廠改編成二十集電視連續劇《危險真情》，在上海有線台、南京有線台、北京台、成都台、江蘇台等三十多家電視台播放。由於廣大讀者對《梅娘》的需求不斷，該書於2000年9月再版，改名為《沒有浪漫》；2004年3月三版，改名為《不想浪漫》。其續集《梅娘日記》2000年10月再版，改名為《沒有平靜》。2001年2月，《梅娘》經延邊女翻譯家金玉姬翻譯，由韓國北燕人出版社出版。2004年7月，韓國《中文週報》連載了《梅娘》。

▲ 小說《沒有平靜》

長篇小說《劉羅鍋斷案故事》

作者鄧加榮、金乃祥，主要是描寫在民間廣為流傳的劉羅鍋為官清正廉潔、機智果敢、不畏權貴、忠君愛國、體恤百姓的故事。該小說以辦案故事為框架，汲取其他古人智破奇案的典例，採取案中案的結構演繹而成。既突出了劉墉智謀過人、譽滿天下的特點，又布局了撲朔迷離、曲折動人的故事情節。一九九八年由人民文學出版社出版。之後，在《中國檢察報》上連載。據此改編的二十集電視連續劇《劉羅鍋斷案傳奇》，由北京北普陀影視中心和許昌電視台聯合攝製，先後在中央電視台八頻道和十二頻道播出。二〇一三年中國青年出版社也以《劉羅鍋斷案傳奇》為書名印刷出版。

▲《劉羅鍋斷案故事》於1998年由人民文學出版社出版發行

長篇小說《女子中隊》

　　《女子中隊》是通化優秀作家李春良創作的一部以女交警為敘事主體的長篇小說。二〇一四年五月份被評為全國大眾好書榜上榜圖書，九月份獲得中宣部「五個一工程」優秀作品獎。

　　《女子中隊》講述了柳城市第一支女子交警中隊，從成立之初備受各方爭議，到後來用自己的實際行動證明了她們無愧於交通警察、人民衛士的故事。小說在敘事結構上巧妙地安排了春（春之蘭）、夏（夏之雨）、秋（秋之葉）、冬（冬之雪）和續卷

▲ 小說《女子中隊》榮獲中宣部「五個一工程」優秀作品獎

（在輪迴的春天裡）五個篇章，將女子中隊隊員在一年四季中的工作、生活狀態娓娓道來，成功地塑造了一組女交警群像——堅毅幹練的隊長景莉、漂亮大方的俞麗茹、細心老辣的王曉婷、俏麗年輕的邱一琳、嬌氣可人的孫詩夢、文弱賢淑的肖文靜、活潑可愛的嚴闊以及熱情洋溢的許月……無論在與洪水抗衡還是與暴雪搏鬥，在她們青春的畫像裡，都有一個共同的特點，那就是對祖國、對人民的忠誠，對警察事業的熱愛，以及對於夢想的堅守與執著。

　　《女子中隊》中，作家對當代女交警形象的塑造來自於他多年的基層體驗。李春良是一位富有傳奇色彩的警察作家，有著豐富厚重的生活積累。同時，作為中國作家協會會員和一名始終活躍於公安戰線上的作家，他不斷深入開掘生活的各個斷面，善於發現生活中人的美好，進而哺育自己的創作、激發自己的創作。其短篇小說《男警和女警》獲全國金盾文學獎；長篇小說《獄警

▲ 李春良創作的長篇小説《女子中隊》

與囚徒》、中篇小説《交警和女司機的愛情》《逃》、報告文學《十載春秋送死
囚》等多部作品獲省、部級獎項。正是這一「在場」化的寫作方式，使作家筆
下的女交警形象活靈活現。同時，作家突破了傳統敘事者的性別特徵，可感可
觸地解讀了當代女交警的心理，使讀者耳目一新。也正是基於這樣全新的敘事
視角，使李春良能準確地把握、反映女性的最隱秘、最細膩的心理世界，並從
心理世界的縱深處反身向外，揭示出女性所面臨的困境與超越的可能。

電視連續劇《夜幕下的哈爾濱》

該劇是由北京鑫寶源影視公司出品，通化市原戲劇創作室高光編劇，趙寶剛、王迎導演，陸毅、李小冉、周傑、隋俊波等著名演員主演的電視連續劇，共有三十三集。主要講述二十世紀三〇年代日偽統治下的東北重鎮哈爾濱籠罩在一片血雨腥風中，以王一民為首的中共地下黨員組織一批愛國人士與日寇展開了一場鬥智鬥勇的較量。

故事情節為：在日偽統治下的哈爾濱，敵偽力圖鞏固統治，瘋狂抓捕、屠殺共產黨人及抗日力量，敵我雙方進入鬥智、鬥勇的生生死死的絞殺、較量之中。隨著關東軍將軍玉旨雄一帶著漢學家玉旨一郎的到來，敵我雙方在文化戰線上、在工商界、在城市建設、在工廠、學校等方面，開展了安撫與奮爭、屠殺與反抗、陰謀與智慧、愛情與背叛的一次次較量，風起雲湧，波詭雲譎，生命與意志、親情與良知，都在經受著熬煎、考驗。

▲ 大型電視連續劇《夜幕下的哈爾濱》海報

共產黨員王一民文武雙全，是北大的畢業生，是一中教員，他刺殺特務頭子中村次郎；帶領共產黨人，幫助作家塞上蕭大力開展進步話劇《夜茫茫》演出；他在索菲亞廣場上掩護遊行示威的同志撤退，營救共產黨人李漢超和他的妻兒；在日寇一步步緊逼、陷害盧家，逼死盧家公子戲瘋子盧守全，祕密逮捕盧家獨生女兒醫生盧秋影，逼迫盧老爺子盧運啟做商會會長，沒收盧家所屬產業北方劇院，查封北方日報社，並進一步威逼盧老爺子的北方加工廠為其採

購、加工、供應軍糧，使其成為軍需工廠，變為向華北軍事擴張的軍需供應線時，王一民率盧家人奮起抗爭，直至最後盧老爺子親手點燃加工廠，將加工廠、糧倉炸燬，與趕來的日寇小原特務長同歸於盡。王一民率盧秋影及家人、劇團演員和進步作家、畫家等人奔赴湯北抗日根據地。

玉旨一郎是漢學家、教育學家，因父親傳承，受中國文化濡染使得玉旨一郎深懷將自己一身漢學教育的本事奉獻給中國的事業雄心。但玉旨一郎美好的愛情渴望和讓一中成為平靜校園、培養學生成才的目標，在戰爭的殘酷壓榨下，一步步毀滅。玉旨一郎深愛盧秋影，戰爭使得愛情變得越來越渺茫。當玉旨雄一把這份情感當成戰爭的工具和利用盧家的藉口並對盧家威逼利誘時，使得玉旨一郎深陷痛苦之中。玉旨一郎渴望在中國做到三件事：一是為中國培養人才，一旦戰爭結束，這些人才就會為中國出力，這是他對中國人民友好的一大願望；二是希望能結交像王一民這樣正直、善良的中國人做朋友；三是要完成他的愛情目標，與盧秋影成婚。但戰爭粉碎了他的夢想。玉旨雄一把這愛情當成他的戰爭工具，這加速了玉旨一郎的毀滅。玉旨一郎在與王一民一步步建立起來的朋友關係中，終因他只是一個日本人而無法站在中國人反侵略、反壓迫的立場上，雙方也無法成為肝膽相照的朋友。玉旨一郎最後同本莊見秀結婚，因深愛著盧秋影，婚後的玉旨一郎愈加痛苦。當玉旨雄一斥責他向王一民提供了圍剿湯北遊擊隊的消息而使龜田大佐所率部隊被湯北遊擊隊全殲時，給他一身軍裝，要他奔赴前線參加戰爭，玉旨一郎只好選擇自盡，用生命的棄絕表示對戰爭的厭惡。

該劇於二〇〇八年八月在中央電視台一套黃金時段首播，後又在一套、八套多次播出。該劇和主演曾榮獲第三屆BQ紅人榜年度最佳電視劇、第三屆BQ紅人榜最受歡迎男演員等獎項。

電視連續劇《遠去的飛鷹》

《遠去的飛鷹》是由通化市人民政府與北京華誼兄弟天意影視公司、野塵影視公司聯合拍攝的三十集電視連續劇。由中夙（瀋陽軍區）編劇，花箐導演，朱亞文、伊娜、劉勁、鄔君梅等著名演員主演。

該劇是國內投拍的首部空軍戰爭題材電視劇，也是首部以二戰背景下的中國空軍為題材的作品。故事從一九二九年開始，講述了在「九一八」、淞滬會戰爆發期間，中國空軍航空兵高志航率領的飛鷹航空隊，一次擊落六架敵機，重創日本空軍，

▲ 電視連續劇《遠去的飛鷹》光碟

最終英勇殉國的抗日英雄故事。其中首次披露的有關他鮮為人知的兩段浪漫愛情故事，更是開啟了一段讓人刻骨銘心的愛情記憶。該劇中的男主人公高志航有著真實的人物原型，他是抗日戰爭期間的空軍英雄、中國空軍驅逐機部隊司令，有著「高瘸子飛行員」的稱號。二〇〇九年的國慶大閱兵，中國空軍的表演令世界矚目，而以抗日時期中國空軍英雄為主人公創作電視劇作品，無疑是選取了一個展示中國空軍風采及中國軍人氣質的獨特視角。

二〇一一年至二〇一二年，該劇先後在吉林、遼寧、湖北、湖南等數家衛視多次播出，引起強烈反響。先後獲第二十六屆中國電視劇金鷹獎、解放軍金星獎一等獎、美國電視劇艾美獎提名等國際國內大獎。

大型三維動畫片《參娃與天池怪獸》

以長白山人參為主題的大型三維動畫片《參娃與天池怪獸》，由康美新開河（吉林）藥業有限公司（原集安市新開河有限責任公司）、吉林省紫晶動漫科技開發有限公司、吉林動漫集團聯合出品。二〇一三年九月二十三日在中央電視台少兒頻道隆重首播。

該片以長白山天池和新開河為主要場景，以「康康」「美美」「新新」「開開」「河河」命名人參家族的快樂精靈們以長白山人參精靈和天池怪獸之間發生的有趣故事為主線，生動反映了吉林人參文化，全面展示了長白山特色旅遊資源。動畫片播出當天，就在網絡上引發熱烈反響，點播和轉載量超過萬次。

這部聚集省內外菁英團隊，歷時五年打造的精品力作的播出，為弘揚吉林特色文化，打造人參知名品牌，促進全省旅遊產業和人參特產業發展做出了巨大貢獻。

動畫片《參娃與天池怪獸》通過寓教於樂的表現形式，傳播人參知識，弘揚人參文化，體現了康美藥業「心懷蒼生、大愛無疆」的企業文化和做大做強中國人參產業的決心。動畫片的聯合製作是實現人參產業和文化產業結合發展的新嘗試，進一步擴大了吉林人參的國際知名度和影響力，提升新開河人參品牌，為實現人參全產業鏈發展戰略奠定堅實的基礎。合作各方有志將《參娃與天池怪獸》打造成一部千集國產動畫片，助推吉林人參文化產業發展，讓中國人參文化在世界傳播得更遠。

▲ 大型三維動畫片《參娃與天池怪獸》宣傳海報

全國最大的教輔報紙《英語輔導報》

　　《英語輔導報》報社於一九九〇年在通化成立，包天仁教授出任社長兼總編輯。在東北邊陲小城辦一張面向全國的報紙，本身就是一個創舉，從此也拉開了創業、發展的大幕。辦報伊始，報紙就明確定位：緊扣教學，同步輔導，精講精練，實用高效。雖然辦報之初僅有初中和高中的六個版別，單色、八開四版，面向為數不多的幾個省發行，但是由於辦報方向正確，內容與教學接軌，輔導功能強，深受廣大師生歡迎。很快，版別逐漸增加，編輯隊伍不斷擴大，發行量激增，發行範圍遍及全國，開闢了規模化、品牌化發展之路。

　　正是憑藉著源源不斷的創新舉措，英語輔導報社打造出了一個個教育教輔精品出版物，以其高文化含量和高科研含量贏得了全國兩千餘萬讀者的青睞。

▲《英語輔導報》發行地──天仁報業集團

▲ 英語輔導報

龍頭產品《英語輔導報》期平均有效發行量已達一千三百七十三萬份（據2006年國家新聞出版總署國新出版物發行數據調查中心最新發布的數據），被權威機構評為「全國青少年經常閱讀比率最高的學習類報紙」，成為全國同類行業中規模最大、質量最好、信譽最高的品牌產品，並且以優質的產品實現了良好的經濟效益和社會效益。

▲ 人教PEP小學三年級版

歌詞內刊《長白山詞林》

一九八八年，通化市著名詞作家李宜安創辦了《長白山詞林》。歷經二十五年的艱辛，於二〇〇三年七月由當初不定期的四開小報成長為十六開本、四十八個頁碼的歌詞內刊。每月一期，每期印發一千本，已累計出版二百五十五期，免費發放全國各地。

李宜安出生於一九三六年，曾任通化縣文化館館長、創作室主任、縣人大常委，是中國音樂文學學會會員、中國音樂家學會會員。一九七九年出版第一本歌詞集《相會長白山》，由中國音樂文學學會副主席、詞作者石祥作序，大部分歌詞被鐵源、傅晶等著名作曲家譜曲。詞作歌曲《

▲《長白山詞林》

老師給我們插上金色的翅膀》成為中央人民廣播電台的保留節目，《深山裡的狂歡》在一九九二年央視二台春晚節目插放。憑著這些深厚的藝術積澱，一九八八年，他自費籌辦了《長白山詞林》，並為之付出了艱辛的努力，不僅為通化市培育出吳玉君、金麗珠、李鵬、姜煒、岳宗寶、牟善爽、王曉紅、劉大偉、朴尚春、張千喜等詞作家，也培育了《北方歌詞》主編高明軍、省音樂文學學會副主席陳旭光、福建熊達、山東荊玉明、湖南唐昌任、江蘇黃祖樂、重慶黎強、廣東陳帆等一大批省內外詞作家。

吉林省著名詞作家、省音樂學會副主席劉申五，在二〇一二年吉林省音樂文學學會成立大會上對《長白山詞林》大加讚賞：「在這裡，我們不能不提到身居通化縣年逾古稀的詞作家李宜安先生，二十多年來，克服了重重困難，鍥

而不捨地追求，樂此不疲地創辦經營的《長白山詞林》，在為廣大歌詞作者開闢了一方發表作品陣地的同時，也為我國歌詞百花園的繁榮塗上了一抹亮色。」中國詞壇泰斗、中國音樂文學學會主席喬羽，在《長白山詞林》創刊十二年時題詞：「十二年艱辛，長白山上育成一片歌詞的叢林，相期幼苗長成參天大樹，歲月將會酬謝不辭勞苦的人。」中國音樂文學學會副主席、著名詞作家石祥寄來賀詞：「十二春秋雲和月，四千餘日乳與血，一片愛心育詞林，萬里凱歌齊報捷！」著名詞作家李幼容也來函稱道：「每每收到《長白山詞林》，我都詳讀學習，它使我讀到了不少飄散著生活氣息，情深意切的好詞，一個詩的長白山和歌的長白山，聳立在我的心目中。它的胸襟博大，不僅僅屬於東北大地。凡佳花芳草都擁入它的懷抱，這不正是編者的風範嗎？」

目前，《長白山詞林》已成為中國詞界的品牌，是通化市在中國詞界的一張靚麗的名片。

大清國寶松花硯

　　用松花石雕琢之硯為松花硯。松花硯始於明末而盛於清，尤以康熙、雍正、乾隆三朝為主，是中國歷史上名貴石硯，為清代皇室的御用珍品。因當時製作生產嚴格限量，因此傳世很少。北京故宮博物院現存八十餘件，台北「故宮博物院」現存一百六十餘件，存世的僅有二百四十餘件。後來，隨著清末國勢日衰，經費拮据，逐漸停止了松花硯生產，使得這一中國歷史文化名硯失傳長達二百多年。直到一九七九年秋通化市工藝美術廠發現古硯材場，才使松花硯重放異彩。

　　三十多年來，特別是隨著改革開放的深入，市場經濟的發育，集體、個體的松花硯作坊和企業競相發展。從事松花硯雕刻生產、經營及相關人員達數萬

▲ 花好月圓硯

人。松花硯已成為通化獨具特色的新興的文化產業。經過幾代松花製硯人堅持不懈的努力，松花硯雕刻技藝得到不斷傳承，出現了以張國江、劉祖林為代表的國家級製硯大師。目前，全市已有三百多家大小生產廠家，年產值突破兩億元，湧現出通化市工藝美術廠、瑞璟松花石有限公司、毓贏松花石有限公司、方圓石藝有限公司、石運松花石公司、老兵製硯廠、華龍松花石硯公司、銀河工藝美術廠等一批知名企業，產品遠銷韓國、日本、東南亞和港澳台等地。

▲ 天女散花硯

▲ 金包玉書簡硯

松花奇石

　　松花石又名松花玉。在距今八億至十億年前，發生中條運動，秦嶺洋殼對華北地台再一次俯衝，沿通化—渾江擠壓帶地殼裂開、下陷，遭受海侵，形成古渾江海灣。經過複雜的地質作用，淺海地區形成了灰綠色、黃青色、紫紅色鈣質沉積物。據史料記載，「松花石」名字的由來可能有兩種，一種是因松花石石體上的花色（形成）或紋理酷似松花針葉而得名；另一種是因其石體剖面紋理酷似松花針葉或其剖面刷絲紋理與松樹的剖面年輪（絲狀）紋理相似而得名。

　　松花石地質學名硅質泥晶灰岩，主要礦物成分為微晶方解石、石英、綠泥

▲ 吉林通化瑞璟松花石博覽中心的「鎮館之寶」——紫氣東來，該松花石長3.6米，寬2.4米，高1.8米，總重20.18噸，形成於八億年前的海底沉積型微晶石灰岩，為現存極為稀少單體完整紫色松花石。

▲ 通化關東文化市場展示的松花奇石作品

石、鋇、磷、鐵等多種礦物元素。由於松花礦石裸露或距地表層部分受光照、水土侵蝕風化，物理運動和化學反應，經億萬年的演化，形成了千姿百態、肌理豐富、色彩斑斕極富觀賞性的奇石。而松花礦石的深部，質地溫潤細密呈頁狀的板材，莫氏硬度在3.7-4.7左右，適於雕刻硯台和工藝品。

　　松花奇石產業的崛起是有深刻時代背景和積極文化意義的。改革開放以來，隨著社會穩定，經濟繁榮，人民物質生活的極大改善，人們對精神文化生活有了更大的渴求，回歸自然已經成為都市人生活的奢望和文化追求。松花奇石的面世，無疑高山景行，令人心嚮往之。一石一景，渾然天成。可謂「迭迭

▲ 雙龍戲珠

▲ 松鶴延年

高峰映碧流，煙嵐水色石中收，若能悟得其中味，確勝尋山萬里游」。於是愛石、尋石、玩石、賞石、收藏石已成為時尚，採石、賣石、買石產生交易，形成市場，發展成產業。賣的是石頭，買的是文化，交易過程中討價還價仍然離不開石有所值的文化，因此決定奇石價值的仍然是石品的文化含量。無論古人賞石「瘦、透、漏、縐、丑」的標準，還是現代人的「形、質、色、紋、韻」的原則，自然和諧之美才是觀賞石所賦存的文化內涵。山無石不奇，水無石不清，園無石不秀，室無石不雅。在這些景物中沒有石就顯得不自然，不自然就不和諧，就不美。觀賞石是天然成趣，天人合一的美，只有物我產生共鳴才是賞石最高境界。所以無論是賞玩收藏還是加工經營，都要善於去識別和發現石品的自然美，並通過配座取名去昇華和強化它的美，烘托主題意境，提高增值空間。

松花石發掘是從二十世紀九〇年代開始的，是松花硯的姊妹藝術。雖然面世歷史較短，但因松花硯誕生在皇宮貴為大清國寶，所以松花奇石以具備皇族血統而傲立眾多觀賞石之林。

集安玉雕

在二十世紀八〇年代，當地村民發現集安玉。該玉具有色澤豔麗、純淨度高、柔韌性好、工藝精良等特點，有極高的經濟和收藏價值。

隨後，集安玉雕產業快速興起。用傳統手工技藝雕刻的集安玉產品，在深得岫玉名師真傳，融入南方工藝精華，吸取長白山文化和高句麗文化精髓的基

▲ 玉雕作品《葫蘆》

▲ 玉雕作品《參娃》

▲ 玉雕作品《三羊開泰》

礎上，形成了自己獨特的地方風格。集安玉雕題材廣泛，既繼承傳統，又創新發展。主要雕刻的產品有工藝品、文房用品、茶具、餐具、佛具、首飾、玉石家具、戶外大型雕刻、殯葬用品等九個系列一百多個品種。其產品多次獲得國家和省市級工藝美術產品和旅遊產品博覽會金銀獎。

目前，集中生產集安玉的有集安市麒麟旅遊產品開發有限公司和集安市金石開玉石工藝有限公司。麒麟旅遊產品開發有限公司生產的產品主要為採用「綠泥石玉」「蛇紋石玉」玉石加工而成的玉石床、玉石家具及玉石雕刻旅遊紀念產品等；金石開玉石工藝有限公司主要生產玉石材質的工藝品擺件、戶外大型雕刻、文房用品、茶具、餐具、首飾、殯葬用品等。

集安玉雕刻是繼松花石硯雕刻技藝後又一重要的具有地方特色和地方文化底蘊的雕刻技藝，作品特色鮮明，文化元素顯著，具有極強的觀賞性和收藏價值。

佟佳江滿族剪紙

佟佳江（滿語烏鴉的江）流域，早在六千多年前就有人類居住，是滿族和高句麗民族的集聚地。這裡有著悠久的歷史、豐富的文化，尤其是流傳於民間的剪紙藝術。

▲ 佟佳江剪紙作品《和》《家》《順》

據考證，滿族在有紙之前就有了剪紙。那時用魚皮、皮革、樺樹皮、樹葉、苞米窩等材料剪製而成。主要起源於民族社會的自然崇拜、圖騰崇拜、先祖崇拜、巫術。滿族的信仰剪紙「拉手娃娃」，民間又叫夜星，是嬤嬤神的一種。嬤嬤神在滿族的宗教信仰中有一百六十多個，比如「佛托媽媽」「火神托亞拉哈」「女蛇神梅赫媽媽」「雪神尼亞媽媽」等等。

佟佳江滿族剪紙在手法上與黃河流域的剪紙不同，它是用最原始的手法，將剪好的紙浸上水，貼在木板上，用松明點燃熏成黑色，只用少量的紅紙貼在花上、眼睛上。剪紙的圓圈是用香頭燃燒上一個個圓點。

今年六十多歲的叢永莉，自幼跟奶奶學習滿族剪紙，一剪就是五十多年。她的剪紙造型粗獷，奇特

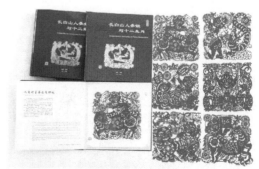

▲ 剪紙作品《長白山人參娃》與《十二生肖》

▲「佟佳江」滿族剪紙傳承人叢永莉

豪放，富有濃郁的傳統滿族民俗特色和鄉土特色。其作品多次參加全國和省內外大賽和展覽活動，並屢獲大獎。作為第三代傳人，她在二〇〇八年申報的「佟佳江」滿族剪紙被吉林省列為非物質文化遺產項目，她被列為代表性傳承人。

由於清代對長白山二百餘年的封禁，以及人煙稀薄、地緣閉塞等原因，致使滿族的這些遺存文化湮沒於林海雪原中。改革開放後，以藝術大師、滿族民間美術家王純信教授為帶頭人的一批民間藝術人才，深入民間調查挖掘，潛心研究，發現了滿族民間剪紙、刺繡等一些瀕臨滅絕的長白山滿族民間藝術，並使之得以傳承，大放異彩，聲名遠播。

▲ 剪紙作品《人參娃娃》

藝發關東刻紙

　　集安市刻紙藝術家李藝發，從小就酷愛刻紙。在繼承家族母系傳承刀法的基礎上，歷經二十六年的潛心研究，博采眾長，融會貫通，獨創出一整套刻紙刀法，並命名為「藝發刻紙藝術技法」——五步刀法：快刀法、顫刀法、花刀法（反刀法、腕刀法、方刀法、橫刀法、圓刀法、漁網連接法或陰陽法、雙刀法）、刀筆法、三指微刻法。

　　他先後創作了巨卷《八十七神仙卷》《十八羅漢圖》《十二花神》《紅樓夢大觀園》《十二金釵》《吉祥喜慶系列刻紙》《高句麗人文系列刻紙》《五百羅漢圖》《高句麗二十八代王》《朝鮮族風情刻紙》、書法刻紙長卷《好太王碑》等多部代表性作品。尤其是長五十五米、寬〇點六米的巨幅黑白長卷《五百羅漢圖》更被藝界稱為「黑色精靈的舞蹈」。二〇〇六年、二〇〇七年應邀參加在韓國首爾舉辦的個人刻紙藝術展，兩國佛教藝術團體願出高價收藏。二〇〇七年八月，作品「五百羅漢圖」入選吉林省文化廳在日本美術館舉辦的剪紙藝術展。同年十一月，中央電視台《走遍中國》欄目組拍攝了專題片，並向海內外播出。二〇〇八年刻紙作品《八十七神仙卷》入選《中國剪紙藝術名人大典》一書。二〇〇八年北京現代管理大學聘李藝發為客座教授，講授刻寫畫及藝發刻紙藝術技

▲ 藝發刻紙創始人李藝發

▲ 刻紙作品《十二生肖》中的「羊」

法。二〇〇八年再次應邀赴韓國首爾舉辦個展並講學。二〇〇九年吉林省人民政府、省文化廳授予「藝發刻紙技藝」為省級非物質文化遺產。二〇一〇年應邀參加上海世博會吉林省活動周，並舉辦刻紙技藝展示和演示。

▲ 刻紙作品《天下第一福》

桐鳳染色剪紙

▲ 傳承人孫新鳳正在創作作品《高句麗染色壁畫剪紙》

　　桐鳳染色剪紙傳承於河北蔚縣剪紙技藝，是中國剪紙門類中唯一一種以陰刻的彩色染紙，素以刀工精細、色彩濃豔聞名，填補了關東剪紙和滿族剪紙技藝的空白。

　　桐鳳染色剪紙傳承人孫新鳳，是通化集安人。二〇一〇年春天，酷愛滿族剪紙的她，懷揣著夢想奔赴河北蔚縣學藝，拜師周廣先生門下。幾年來，她苦心鑽研，細心揣摩，勤奮摸索，很快掌握了染色剪紙技藝精髓，並在實踐中大膽借鑑了楊柳青年畫、五強木版年畫、高句麗壁畫的藝術特色，融匯關東滿族剪紙的藝術特長，逐步形成了製圖鏤空、手工刻製、渲染暈染、套色裝裱為一體的特色剪紙。二〇一二年四月，孫新鳳相繼開了四五家桐鳳染色剪紙工藝品

店。二〇一三年五月,她又整合資源註冊成立了集安故都旅遊產品開發公司,以保護開發桐鳳染色剪紙這一傳統古老的手工技藝為主,開發了五大系列二十餘款具有地方特色和文化內涵的旅遊產品,其研發基地已形成比較完整的產業鏈條,在國內、國際市場上產生了一定的影響。《高句麗壁畫長卷》《好太王碑文長卷》《高句麗二十八代王肖像》《中國夢美麗家鄉》《弘揚社會主義價值觀》《韓國總統朴槿惠肖像》等多部剪紙作品獲得中國民間藝術展大獎,其高句麗剪紙作品被韓國多家藝術協會收藏。

二〇一三年,孫新鳳成為桐鳳染色剪紙這一非物質文化遺產代表性傳承人,並榮獲了「吉林省民間文化藝術大師」稱號;二〇一四年被選為吉林省剪紙協會理事。

▲ 作品《28帝王全圖》

▲ 染色剪紙《花開富貴》

長白山滿族枕頭頂刺繡

長白山滿族枕頭頂刺繡是滿族民間刺繡的重要部分，起源於努爾哈赤時代，滿族人走向定居與農耕時代、能夠自己植棉織布之後。

《李朝實錄》記載，當年努爾哈赤及諸將就穿有刺繡的「五彩龍紋」衣服。在民間，女真人通過馬市與明朝貿易，以馬匹、獸皮、人參等換取漢人的布匹、綢緞織物，刺繡品及刺繡技藝隨之傳入長白山區。

由於地理的因素、民族的因素，使滿族的民間刺繡藝術在學習漢文化的基礎上形成了自己的地方特色與民族風格，產生了光彩奪目的枕頭頂刺繡藝術。

長白山區滿族的枕頭是布縫的，稱為布枕。兩個堵頭要繡花、納朵，於是產生了枕頭頂刺繡藝術。滿族的枕頭頂刺繡品類繁多、繡工精到、流傳普遍，與漢族的枕頭頂相比毫不遜色，這與滿族的婚俗關係密切。當年長白山區滿族人家的女孩要從小學習繡嫁妝，繡枕頭是其中的重要內容。至結婚前要繡十幾對，甚至幾十對枕頭頂刺繡。要繡到一個苫布上，稱之為「枕頭簾子」，由兩

▲ 納紗

▲ 挑花繡

▲ 戲曲故事

▲ 補繡

▲ 花

▲ 枕頂

人挑著從娘家抬到婆家，沿街展示，並掛在洞房最顯眼的地方，任參加婚禮的親朋品評。新婚後，炕琴之上整齊的被格，兩側一邊四個枕頭擺起來，枕頭頂向外，五光十色，滿室生輝。這枕頭頂刺繡要作為親朋、妯娌間的高貴禮物，可以看出滿族枕頭頂刺繡在滿族婦女一生中的重要位置。

由於這具有濃郁鄉土氣息和民族特色的婚俗，使滿族枕頭頂刺繡得以繁榮與發展。滿族枕頭頂刺繡的傳承均在婦女中代代傳延，常見的是母親教女兒從小學習刺繡，準備嫁妝。從十來歲開始學做「炕上活」，一直到十七八歲結婚。女兒結婚了，有了孩子，再將刺繡技藝教授給她的女兒，以此一代代、一輩輩傳承、延續。也有的滿族人家，因沒有母親等原因，可由嫂嫂、嬸嬸等人傳授，均為在家族內部傳延。也有的親戚、鄰里之間年齡相仿的幾個女孩常常聚在一起學活兒，學習刺繡，互相薰習。年長者、技藝高者自然成為這一人群中的老師，以此種方式傳承。滿族人家的女孩，自己為自己繡嫁妝這一婚俗是獨特的，不能買「男工」繡品，也不能由媽媽、嫂嫂等人代勞。這一婚俗也影響了周邊的漢族及其他民族，形成了區域性文化。

滿族刺繡能手李淑坤，生長在通化縣的一個大戶人家，讀書至國高，從小就跟母親學習刺繡，至結婚時繡了一百多對枕頭頂，對對精彩，在方圓百里名噪一時。保存至今的有幾十對，是難得的滿族枕頭頂刺繡遺存珍品。

長白山紅松原生態根雕

　　根雕，傳統雕刻藝術之一，是以樹根（包括樹身、樹瘤、竹根等）的自生形態及畸變形態為藝術創作對象，通過構思立意、藝術加工及工藝處理，創作出人物、動物、器物等藝術形象作品。而根雕之最，當屬長白山紅松（俗稱松樹明子）原生態根雕。

　　長白山原生態根雕，又稱琥珀木，是生長於長白山脈的珍貴木種紅松，受自然界地理氣象變化影響，被埋於地表層中達千年之久，經大自然的侵蝕造化形成不朽的精華部分。它具有木的古雅和石的神韻，其質地厚重，色澤華貴，神奇的紋理與奧妙的韻律結合得渾然天成。

　　長白山根雕藝術是長白山地區自明清時代以來的傳統工藝。通化的根雕作

▲ 根雕作品《財源巨集通》

品大都集實用和觀賞於一體，以實用價值為主，兼有觀賞價值。常見的有根椅、根床、根桌、根凳以及根製條几、沙發、茶几、屏風、花架等常用家具。有用根製成的筆架、鎮尺、硯座等書案用品。陳設觀賞類的根雕作品，主要用於陳設觀賞，是根雕作品的主體部分，占絕大多數。按其造型特點，又可分為人物型、動物型、鳥禽型、魚蟲型、花木型、器物型、審美型及其他自然形態。

▲ 根雕作品《豹財》

由於獨特的歷史原因、生態原因，形成了獨特的傳承方式。一是家族傳承，二

▲ 根雕作品《旺財》

是民族傳承。在通化根雕傳承和從藝隊伍中，較有影響的有劉玉斌、李青木、郭茂林等一批代表性人物。

劉玉斌，通化縣果松鎮人，省級非物質文化遺產傳承人。從世居長白山林區的祖父劉洪巨到父親劉福海再到劉玉斌，他已是第三代根雕藝術傳承人，製作了幾百件原生態根雕作品，深受人們喜愛。其作品《白菜》《龍騰盛世》《百鳥朝鳳》彰顯著東北長白山區獨有神祕的文化之美，精湛的藝術之美，睿智的勞動之美。

李青木，是通化市根雕藝術水平佼佼者。一九八八年，在吉林省首屆花卉

博覽會上專門設立了「李青木根雕作品展廳」，展出作品二百多件。美國駐華使館教育參贊麥力克斯、著名國際友人路易‧愛黎珍藏了他的作品。1992年，在通化市首屆根藝作品展上，其作品被選送到「海峽兩岸盆景藝術研討會」作為展品。此外，作品還被編入小學美術課本。

趙安北，1966年出生於輝南縣，吉林省民間文化藝術突出人才，市級非物質文化遺產代表性傳承人，市民間文藝家協會理事。1990年畢業於牡丹江科技專修學院美術系。1994年至今一直從事根雕事業。2009年根雕作品《金猴獻壽》榮獲金獎。2011年作品《守望家園》在國際華人環保大賽中榮獲金獎，本人榮獲環保宣言大使稱號。

▲ 根雕作品《愚公移山》在國際長春東北亞藝術節獲國際金獎

惠喜堂，通化市人。2010年9月入駐通化關東文化產品交易市場松花石硯精品館A區，現為中國根藝美術師、長白山盆景根藝研究會會長。主要作品獲中國根藝第七屆「劉開渠獎」，作品《猴》獲金獎。2004年，作品《愚公移山》在國際長春東北亞藝術節獲國際金獎。2007年，作品《動物根雕系列》獲通化市旅遊局金獎。2008年，作品《旺財》獲通化市喜迎奧運作品展金獎。通化市電視台生活秀欄目多次對其根雕技法、精美作品進行專題報導。

長白山野山核桃皮工藝品

在長白山區生長著一種山核桃樹，其果實稱之為山核桃。經過複雜的加工工序，將野山核桃皮精雕細刻或拼貼出自然、古樸且造型別緻的核桃工藝品。

核桃工藝是一項傳統、純手工操作的工藝。它需要挑選、沖洗、晾乾、切片、取仁、沖刷、拼貼、雕刻、打磨、著色、噴塗等十餘道工序，保留了核桃果的原始外形和花紋，使工藝品造型風格古樸、雅緻優美，具有天然的美感和自然的鏤空效果。

長白山原始野生山核桃果實手工切割、拼貼、雕琢技藝。主要有如下加工樣式：

利用山核桃果實切片的自然曲面圖案進行平面裝飾拼貼。山核桃的外果皮

▲ 民間藝人李樂賦製作核桃工藝品

▲ 核桃工藝品《方鼎》和《花瓶》

布滿了棱狀皺紋，其內核切片也充滿天然自然的曲線之美。利用內外果皮形狀及顏色的不同進行拼貼和創作各種花卉、走獸等平面裝飾圖案。利用山核桃果實的外果皮堅硬易雕刻的特點，對其進行大略的切割後，進行外果皮的手工雕琢。雕琢成各種民俗圖案後，穿孔進行懸掛或立體黏結，使其產生粗獷原始的獨特視覺效果。利用山核桃果實切片的天然形狀進行立體造型的重新拼貼。通過民間匠人的口傳

▲ 展出的核桃工藝品

心記，在底座製作的基礎上，一層一層地向上碼結。利用不同切片位置的大小、形狀等的區別，創作出起伏準確的立體雕塑形象，如花瓶、青銅器、車馬器、各種走獸等等。利用長白山原始野生山核桃果實堅硬的外果皮，經過手工長期研磨後，能夠產生圓潤光澤的特點，將其加工成為適宜的各種形狀，專供人們茶餘飯後在手中把玩。

數百年來，長白山山核桃切割拼貼技藝經過一代代手工匠人的不斷努力，已經成為一項擁有比較成熟的藝術風格和製作程序

▲ 核桃工藝品《一帆風順》

的長白山民俗手工技藝，並誕生了許多較有影響的藝術作品。目前通化所製作的核桃工藝品有：巨型方鼎、圓鼎，大、中、小形狀不同的系列花瓶，有公司陳列品、家庭擺設品、禮品、旅遊紀念品等三十多種。

長白山山核桃切割拼貼技藝，體現了長白山區先人的創造。其獨特藝術造型和視覺外貌，與長白山自然環境、民族審美意識、歷史背景的完美結合，與其他民族的木製手工藝品風格、材料、應用迥異，具有鮮明的民族特色、地域特色，具有重要的藝術價值。

草編工藝品

草編工藝源遠流長，它的發展貫穿整個人類史的始終。在遠古的時候，祖先用一些繩似的材料如籐條、雜草等扭撚、交叉在一起，用到日常的生活和生產當中。據《禮記》載，周代已經製有蒲草編製的蒲草蓆，有專門從事草編業的「草工」和用來編織的工具。

通化的草編歷史也是悠悠千年，只是區別於長江流域、黃河流域的草編原料，多以柳條、杏條、樺樹皮、椴樹皮、玉米皮、蒲草、稻草、靰鞡草為原料，其中以蒲草、玉米皮和靰鞡草最為普遍。

為使這一古老的草編工藝得到很好的傳承和開發，二〇〇八年，通化市農廣校在梅河口市曙光鎮安全村舉辦了首次草編培訓班，拉開了通化市草編傳承

▲ 田園玉秀手工編織坊一角

培訓的序幕。到二〇一〇年，已擁有一個新的、穩定的草編群體。建立的「通化市田園玉秀手工編織坊」現已成為吉林省草藝創意園區，市農廣校、市婦聯、市殘聯等部門的手工編織培訓基地。截至目前，已在通化地區內培訓草編學員兩千多名；在吉林、長春、四平、延邊、白城等地區培訓草編學員八千多名。培訓的學員中，有許多已經成為了草編老師，而且還編織出大量的優秀作品，並在展覽展會上取得了優異成績。作品《三寸金蓮》被中國婦女兒童博物館收

▲ 田園玉秀手工編織坊萬莉梅老師正在為殘疾人傳授草編技藝

▲ 草編作品《烏拉草鞋》

藏，《玫瑰花》榮獲第三屆吉林省巧姐大賽二等獎，《玉米葉編類》獲二〇一二年吉林省旅遊商品大賽銅獎，《稻草扇》被國家領導人留存。

近幾年來，學員們每年都有二十多種新研發的草編作品，多次在中國長春農博會、中國義烏國際博覽會、吉林省旅遊商品博覽會、「中國文化遺產日」等系列大型活動中亮相，不僅深受廣大消費者的喜愛，而且還得到了許多大型企業、旅遊行業的青睞，簽訂了數以千計的訂單。

精彩奇絕的勺匙書畫

　　勺匙書畫，是綻放在通化大地上的又一束民間藝術奇葩。其傳承人孫文斌祖父受清末著名書畫家、瀋陽太清觀道長葛月潭影響，邊教書邊務農邊研究匙書技藝，培養勺匙書畫愛好者。其父又從祖父手中接過勺匙書畫工具，潛心研磨，培養新人，創作勺匙書畫。直到傳給孫文斌，使這門藝術得以完整地傳承和發揚，他也因此在柳河書畫界小有名氣，在省內外有了影響。

▲ 中國勺畫第一人孫文斌在創作中

　　為深入研究繪畫技法，他訪名家、拜名師，遊歷名山大川，把潑墨豪放的大寫意同景緻細膩的工筆畫技法融合起來，潛心研究出一整套勺匙作畫技法——潑墨、點色、水潤、流淌、擦抹、勾畫、黏連、碾壓等等。並運用水墨的自然隨機碰撞效果和發揮勺匙書畫基礎顏料調和液的作用，使作品靜與動、

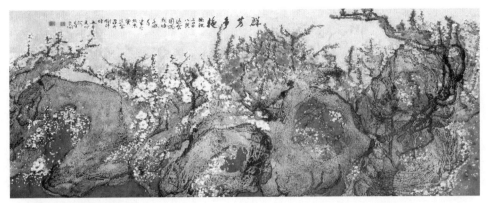

▲ 勺畫作品《群芳爭豔》

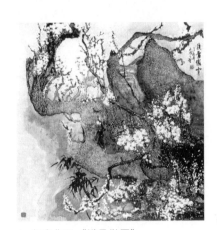

▲ 勺畫作品《鐵骨傲雪》

▲ 勺畫作品《梅雪之和》

▲ 勺畫作品《山水清吟》

▲ 勺畫作品《松梅和諧圖》百米長卷節選

實與虛、清晰與朦朧，渾然一體，妙趣橫生。

　　他創作的匙勺書畫長卷，選擇了一百四十九位唐代詩人的一百五十七段詩句，按春、夏、秋、冬、雨、雪、雲、風、花、草、山、水、江、河、湖、海十六個方面內容進行書寫。長卷以行草為主，長51.86米，寬0.40米，共三千一百六十八字，丹青二十四幅，鈐印二百五十四枚。整幅長卷無點劃筆痕。行草書法採用潑灑、流淌、擦抹、劃刮等十七種匙書技法。卷中的丹青多採用潑灑、點滴、勾畫等勺畫技法，畫中肌理奇妙美觀，色調明快，被稱之為精品。

　　他創作的《松梅和諧圖》百米長卷，是用特殊工具作畫的鴻篇大作，總長

▲ 孫文斌入選大世界基尼斯風雲人物證書

▲ 孫文斌在2012年《風雲人物》上榮登榜首

113.20米，寬0.77米，畫心長110.82米，寬0.65米。採用多年研究的潑灑、流淌、劃勾、黏抹等勺匙書畫技法。全畫二百餘株松、梅，自然交織，似牽手挽臂，若扶攜相依，表現出松與梅各種姿態的和諧美。畫中各種肌理的形成，只有勺匙潑灑（墨彩），才能形成如此效果，顯示出與其他繪畫技法的不同之處。

近年來國內各大媒體紛紛報導孫文斌的勺匙書畫藝術和畫作精品。2012年《風雲人物》第十一期、第十二期孫文斌榮登榜首，並頒發證書，被譽為「中國勺畫第一人」。勺書《雲祥》、勺畫《楓石》作品被通化市檔案館永久收藏。為奧運而作大幅勺畫《群芳爭豔》等作品被學會收藏，登載《書畫藝術報·第九期》。百米勺畫長卷《松梅和諧圖》獲《大世界基尼斯之最》證書，同時獲得大世界基尼斯首屆網上評選「最受歡迎項目獎」。2012年孫氏勺匙書畫技藝被列為通化市非物質文化遺產。勺畫作品還入選參展第八屆中國民間藝術博覽會。很多作品都被國家有關部門以及國內外專家、學者收藏。

長白山木板烙畫

　　木板烙畫，又名燙畫，起源於西漢，盛於東漢。由於歷代戰亂烽火，幾度失傳。進入二十世紀七〇年代，東北的烙畫在全國開始產生較大影響，興起了家具烙畫的浪潮，長白山木板火刺烙畫就是其中的一種。

　　長白山木板烙畫的傳承人于洪義，是省、市民間文藝家協會會員。他從一九六二年就開始習練烙畫技藝，並在總結師傅、父親烙畫經驗的基礎上，形成了自己獨特的風格，並且以「四步烙法」見長：即平鋒法、邊鋒法、尖端法、根部用法。其烙畫特徵是以烙鐵代筆，落烙生花，具有較強的質感和立體感。經過五十多年的鍛鍊和洗禮，他又博采眾家之長，潛心研究國畫以及西畫精品，在名師指點下，打破以往烙畫常規，以黑、白、黃單色種及純烙手段，烙

▲ 惟妙惟肖的木板烙畫《天行健》

▲ 逼真的木板烙畫《溪山靜眺圖》

出色彩無法比擬的神祕世界。他力求國畫的含蓄、西畫的寫實，使作品出神入化，呈現出古樸莊重、高貴典雅的藝術品位，視覺上給人一種返璞歸真的感覺。

　　于洪義烙畫作品二〇一二年被定為市級非物質文化遺產；二〇一三在中國福文化全國大賽中榮獲百佳獎，作品《夏日嬌陽》被中國福文化評委主席劉俊峰收藏；全國百佳獎作品《潔身入靜》被北京一收藏館收藏。

　　于洪義發現，民間老一輩傳承者相繼離世，從事烙畫技藝的人越來越少，他擔心這門技藝後繼無人，更擔心最後失傳。為此，他招收徒弟，傳授技藝，創新發展，立志讓這一民間藝術的奇葩開出更加絢麗的花朵，結出更加豐碩的成果。

長白山禽鳥羽畫

　　長白山禽鳥羽畫是利用家禽類、鳥類的羽毛作為製作原料，選取符合要求的各種顏色的羽毛經過加工、消毒處理後，借鑒一些國畫、浮雕等表現藝術，按照構圖要求，運用平黏、對接黏、排列黏、懸浮黏、堆積黏等，黏貼成光澤豔麗、造型生動秀美、立體感極強的羽毛畫。一幀精美的羽毛畫，少則幾十元，多則幾百元甚至幾千元，是我國寶貴的非物質文化遺產。

　　唐家富是長白山禽鳥羽畫非物質文化遺產代表性項目傳承人，柳河縣羅通山鎮自然村人，一個地地道道的農民。他汲取唐氏祖傳三代作畫技巧，經過研修、創新，創作出獨具特色的手工藝術品。一兜雞毛，一瓶膠水，一張白板，這三件普通的物品，到了他的手中，就成為了形象而立體的長白山禽鳥羽畫。

　　羽畫製作工藝比較複雜，首先要收集雞、鴨、鵝、鳥的羽毛，經過漂洗、消毒、防腐，使羽毛變得清潔、柔順，保持天然光澤；接著是底稿的製作階段，選好題材後，打底稿，做胎——所謂的胎，就是用棉花和膠水黏出動物的骨骼輪廓——等胎乾了之後就可以製作羽毛畫了；藝人將羽毛分類、選擇，開

▲ 唐家富創作羽毛畫作品

始黏貼製作。選什麼樣的羽毛、如何搭配就是藝術了，黏貼的過程就像給小鳥穿上衣服一樣；最後，為保證羽毛畫色澤豔麗、不落灰塵，還需要用鏡框裝裱。

唐家富的作品立體感和自然美感強，具有很高的觀賞價值和收藏價值。作品《高瞻遠矚》《鵬程萬里》《相依》《詠虎》《勁松》《松鶴延年》等，吸引了很多人，得到很高的評價。在吉林省首屆非物質文化遺產生產性保護傳承才藝展示博覽會上，他被評為吉林省文化藝術優秀人才。二〇一三年七月參加了吉林電視臺農村俱樂部城鄉月能人活動，榮獲羽毛畫能人單項獎。

現在做羽毛畫，既費工費力又髒，工序還比較煩瑣，年輕人都不願意學、不願意做。為了不使羽毛畫製作工藝失傳，他讓上大學的兒子做了繼承人，繼續發揚光大祖孫四代的手藝。

▲ 羽毛畫作品《錦繡河山》

▲ 羽毛畫作品《鵬程萬里》

▲ 羽毛畫作品《松鶴延年》

▲ 羽毛畫作品《長相依》

手工布藝

　　手工布藝是中國民間工藝中一朵瑰麗的奇葩。民間手工布藝主要用於服裝、鞋帽、床帳、掛包、背包和其他小件的裝飾（如頭巾、香袋、扇帶、荷包、手帕等）、玩具等，是以布為原料，集民間剪紙、刺繡、製作工藝為一體的綜合藝術。

▲「如是手作」創作的手工布藝產品

　　「如是手作」，是東昌區一家以手工布藝DIY製作為主體，集生產、銷售、培訓為一體的工作室。該工作室創建於一九九八年六月，主要涉及室內裝飾、生活用品裝飾、學生用品裝飾、辦公室裝飾、布藝收納飾品、原創個性玩偶等領域。其布藝是民間「女紅」的延伸和發展，它以雕塑、繪畫、造型設計和現代設計為創作理念，同時吸納了滿族文化中許多視覺元素和審美原則來完成。其產品創意獨特、品質精良，品種豐富，突出了手工製作的特點和魅力。如「多子多福」「財源滾滾」「吉祥如意」等產品在婚慶市場已佔有一定份額；筆筒、十二星座、十二屬相等已經成為年輕人非常喜愛的生活裝飾品；如是手工布藝花也十分暢銷，受到白領女性的歡迎。現在「如是手作」布藝產品不僅在國內市場佔有一席之地，而且已經遠銷澳大利亞、日本、韓國等國家。

　　目前，「如是手作」在抓好產品生產、銷售的基礎上，加大對下崗失業婦

▲「如是手作」創作的手工布藝產品

女的培訓力度，通過培訓讓越來越多的姐妹走上自主創業的道路；讓更多的人通過手工藝術品的製作體驗，感受中國非物質文化遺產的瑰麗多姿、濃郁的地域民俗特色、深厚的文化底蘊，積極投入到手工布藝製作和傳承上來。

通化泥塑

　　從五代十國到清末，隨著城市經濟的發展，泥塑作為一門藝術，逐漸走向平民化。宋代以後，泥塑完全體現了充滿人文氣息的作品。如戲劇人物、小說中描寫的世俗人情等，泥塑開始走進民間、走進家庭。從清代開始更趨鼎盛，出現了泥人張等優秀大師。

　　通化市泥人藝術的代表人物鞠漢蛟，柳河縣人。他的這門技藝是跟他奶奶學的。通化有個習俗，正月十五的時候家家都要做麵燈。由於生活困難，不捨得用麵做，只好用泥來代替麵做燈。漸漸地鞠漢蛟也和奶奶一起做，不但做泥燈，也做泥人。他做的泥人與眾不同，在繼承傳統的泥人藝術基礎上，創造了自己的風格，而且是不著色、不用華麗的外表進行裝飾，僅用粗獷的藝術手法來表達人物，這也是他的藝術特點之一。

▲ 鞠漢蛟創作的東北民俗風情泥塑作品《唱響新時代》

▲ 第一怪：窗戶紙糊在外
▲ 第五怪：草坯房子籬笆寨

▲ 第二怪：大姑娘叨個大煙袋

▲ 第三怪：反穿皮襖毛朝外

　　泥人的製作工藝複雜，所用的材料是含沙量低的黏土，經過風化、打漿、過濾、脫水，加以棉絮，反覆砸揉，再上鍋蒸，製成熟泥，才可以製作作品。一件作品從製作熟泥到作品完工，一般要三十天左右。他創作題材廣泛，多取

▲ 第四怪：養個孩子吊起來

▲ 第六怪：狗皮帽子頭上戴

▲ 第七怪：大缸小缸醃酸菜

▲ 第八怪：冬包豆包降鬼怪

材於生活、習俗和民間故事。鞠漢蛟的泥人作品主要以小型泥塑為主。其代表作《賣糖葫蘆的老漢》《鋤草》等，均取材於日常的農村生活。作品不僅形似，而且以形寫神，達到形神兼備的境界。《老兩口》《獨唱》《大腳奶奶扒苞米》《扭秧歌》《奶奶買臭豆腐》《鋤草》《鼓樂手》《挑水》《幫廚》等，這些作品造型樸拙，生動地再現了日常生活中的真實場景。作品沒有誇張和美化，而是將樸實的形象描寫得栩栩如生，含蓄的藝術形象極具鄉土氣息，讓人看上去倍感親切。這一獨特的表現手法，有著重要的藝術價值、民間文化價值和較高的教育價值。

第六章——

文化風俗

依附於人民的生活、習慣、情感與信仰而產生的文化，大都是民俗文化。民俗文化強化了民族認同，凝聚著民族精魂，鍛造了民族品格。婚嫁習俗，放山習俗，木幫號子，以及抗戰民謠等，似環環相扣的銀鏈閃耀著獨特的光輝，構成一幅幅粗獷的民俗歷史畫卷，任思想自由馳騁，任靈魂隨性棲息。

▌衣食住行

服飾　清末民初，漢族居民的衣著服飾，以棉布或織布為主。勞動者多穿斜紋布、棉織布，官員、商賈鄉紳多穿毛呢綢緞。流行青（黑）、藍、灰、白色。男人穿對襟短衣，富裕者常穿長衫大袍，老年人多著長袍馬褂，婦女穿大褂短衣或旗袍。單夾棉衣皆結以布扣。男人多繫腰帶，婦女喜扎圍裙。

東北淪陷時期，棉織品實行「配給制」，很多人穿「更生布」，有的甚至披麻袋片，衣不遮體，難以禦寒。日偽官吏、豪紳則穿「協和服」、制服或西服。

新中國成立後，城鄉人民的粗布素衣逐漸被優質細布、化纖布料所代替，式樣翻新。男式有人民服、中山服、青年服，女式有花布衫、連衣裙等。「文化大革命」期間，衣著鮮豔、講究穿戴被視為資產階級生活方式，因而服式單一，色澤單調。一九七八年後，隨著改革開放的進程，人們的審美觀念有了很大變化。衣服質料日趨優良，有綢、紗、絹、絨、綸和各種毛料。隨著季節變化，不斷替換各種花色，婦女的衣著尤其講究追求新穎。大衣多選歐式、港式，內衣有各色毛衣、絨衣、線衣和襯衣。二十世紀九〇年代後，男性冬季多穿羽絨服、休閒大衣、皮衣等；春秋兩季多穿西裝、休閒裝、各式夾克；夏季穿著半袖衫、T恤衫、高檔膠衫、西褲、老闆褲。女性冬季多著羽絨服、毛裙、皮大衣、絨呢大衣、皮裙，腳穿長短皮靴；春秋兩季多著毛裙、毛外套、緊身體型褲、牛仔褲等；夏季服裝絢麗多彩，青年女性多穿港式、歐式連衣裙、旗袍、緊身短裙、挎籃露臍衫等。業餘時間特別是晨練時，男女老少多著各式運動服、運動鞋。中小學生則普遍著學校統一製作的服裝。兒童服裝款式新穎，面料優質，品種繁多。

滿族人舊時喜穿長衫、大衫，稱旗袍。男式旗袍圓領，捻襟，開扣，有口絆，袖口狀如馬蹄。女式旗袍習慣嵌些花條和彩牙子，俗稱狗牙子。民間常用

的大換袖，其袖過手，袖的下半截繡彩繪花紋圖案。男子在袍衫外罩短衣，稱馬褂。二十世紀五〇年代起，滿族服飾與漢族服飾無異。

朝鮮族喜著白色素服，衣料貧富殊異。男女老幼上衣皆短，斜襟，無鈕扣，以布帶打結。男子穿襠較寬大的褲子，褲腳繫布帶。上衣外罩背褂（坎肩）。出外加長袍，有單、夾、棉之分。女子著短衣、裙子。上衣領口和衣襟鑲有色彩鮮豔的綢緞邊，飄帶也用花色布料製成。裙子有短、長裙。長裙分筒裙、纏裙。少女穿短裙，姑娘多穿筒裙。婚後婦女下地幹活多穿素色筒裙，走親訪友，著花色纏裙。二十世紀三〇年代開始，受現代文化影響，男子衣式花樣多而混雜。中小學生喜穿制服，城鎮青壯年改穿中山服或西服，農村男性多穿民族服裝。婦女注重布料、顏色和款式，喜穿色彩繽紛的褶裙。五〇年代，城市職業女性改穿長褲、小翻領制服和列寧服。男性喜穿時興服裝，鄉村老人仍穿短衣、肥褲、坎肩。七〇年代，男式民族服裝基本消失，農村婦女在家仍短衣、筒裙。八〇年代，除節慶日婦女穿鮮豔奪目的民族服裝外，平時同漢族無差異。

帽子。晚清後期，漢族勞動人民春秋戴氈帽，夏戴草帽，冬戴皮帽（兔、狗、貓、狐狸、貂等皮）。官員、士紳、富戶春秋多戴瓜皮帽或禮帽，冬戴水獺皮帽。

日偽時期，勞動人民仍戴氈帽和貓、狗皮帽；偽官吏戴「協和帽」；學生戴日式「戰鬥帽」。

日本投降後，人們開始戴制帽、前進帽、八角帽和中山帽、朱德帽以及黑、藍、褐、灰等色皮、棉帽。

城市婦女不戴帽子，冬繫圍巾禦寒。「文化大革命」後，始戴各色絨編織的帽子，春秋圍紗巾，夏季有的戴涼帽。

清末民初，朝鮮族已婚男人出門做客戴笠，平時戴網巾或宕巾。女子婚前留一條長辮子，辮子下端繫紅布飄帶，婚後將辮子於腦後捲成髮髻，多以毛巾蓋頭。二十世紀三〇年代，除老人頭頂尚梳髮髻，青壯年留分頭或剃光頭。新

中國成立後婚前女子或留兩條辮子或梳短髮，婚後多為燙髮，勞動時仍包毛巾，男子戴流行帽。

鞋襪 舊社會，普通市民穿鞋皆手工縫製，應時更換。腦力勞動或富有者，冬季多穿氈鞋。地主、老闆愛穿燻熟牛皮製作的「趟頭馬」，有皮腰，可襯氈襪，輕巧美觀。有的穿皮鞋或高腰皮靴。東北淪陷時期，堅固柔軟的單棉膠鞋登市，始被穿用。窮人還有穿各類草鞋的，冬暖夏涼，輕巧方便。

新中國成立後，人們逐漸改穿膠鞋，有解放鞋、球鞋、高短腰水鞋和膠皮水襪子等。有的穿膠底布鞋和皮鞋。二十世紀六〇年代，始穿塑料涼鞋、拖鞋。七〇年代泡沫鞋、人造革鞋和滌綸布鞋風行。皮鞋相繼普及，式樣不斷翻新，有平跟、中跟、高跟，高腰、中腰、短腰、淺口等。顏色時有變化，有黑、紅、白、藍、棕、米黃、紫紅花色等等。

靰鞡是滿族特殊風格的鞋式。用牛皮、馬皮或豬皮製成，幫底相連，納褶抽臉，幫上貫皮耳類似皮船。穿時不分左右腳，絮草，用繩子綁在腳腕。適用於越冬、行圍及春種下種踩格子、跑大車等。二十世紀五〇年代前，靰鞡是城鄉勞動人民冬春必備品。氈疙瘩是兒童穿用的一種氈靴。

滿族婦女穿旗鞋，鞋底中間部位嵌三寸多厚木塊，外包細布，或刺繡圖案，因鞋底平面呈馬蹄形稱馬蹄底鞋，結婚、參加禮儀活動時穿用。此鞋現已不多見。

清末民初，朝鮮族鞋履多為草鞋、麻鞋和木屐，男女皆同。二十世紀二〇年代，男子穿起方形橡膠鞋，女子喜穿白色或天藍色船形橡膠鞋。三〇年代起城鎮居民多穿布面膠鞋。新中國成立後，木屐、草鞋逐漸淘汰。現時，鞋的花色品種繁多，城鄉已無大差別，與漢族也無大差別。

舊社會勞動人民很少穿襪子，幹活時打包腳布。富有人家穿襪，多係布製線織。新中國成立後，隨著生活水平的提高，逐漸都穿起襪子。先是布、線襪子，繼而是化纖織襪，式樣繁多。二十世紀八〇年代後，除高矮腰襪外，還流行婦女長襪。

飲食　舊社會，城鄉漢族多以玉米、高粱米、小米為主食，輔以雜糧，大米、麵粉僅年節食用。日偽統治時期，對糧食、食品實行配給制，貧苦人家是半年糠菜半年糧。食大米、白麵被視為經濟犯。

　　日本投降後，城鄉勞動人民飲食逐步有了改善，仍以玉米、高粱和小米為主，經常可以吃到細糧。對玉米的傳統吃法頗多，除吃大、小碴子乾飯、粥飯，還有大餅子、窩窩頭、煎餅、酸湯子，以及用黏玉米做的黏豆包、黏火勺。高粱米和小米的吃法，主要做乾飯和粥飯，也用水麵子蒸烙各種乾糧。大黃米、小黃米、黏高粱米除做黏乾飯外，也磨粉麵製作各種黏食品。白麵的吃法，諸如包餃子、蒸饅頭、烙餅、做麵條、包包子和餛飩。大豆的吃法更多，除製油外，還做大豆腐、乾豆腐、小豆腐、豆腐腦、豆漿、豆腐皮、炒煮鹽豆和生豆芽，磨麵摻玉米麵蒸豆麵大餅子、烙煎餅，也有家製大醬和醬油等。小豆主要用以做豆包餡、火勺餡和摻各種米類做乾飯或粥飯。綠豆講究做豆粥、生豆芽、做涼粉。二十世紀六〇年代，各種小雜糧日漸減少，城鄉居民仍以玉米為主，輔之定量供應細糧。粗糧細作的主食品增多，如用玉米麵製作的油炸丸、湯子條、摻白麵炸麻花等。黨的十一屆三中全會後，隨著糧食生產的迅速發展，大米、白麵成為主食。粗糧細做、細糧精做成為時尚，雞、魚、肉、蛋、海產品成為百姓日常食品。過年過節或家中來客人，要煎、炒、烹、炸，準備美味佳餚。如有青年結婚、老人祝壽等重大活動，則要在酒店擺席，由專業廚師掌勺，吃喝更加高檔。平時休閒，一家人或與朋友在飯店吃飯，亦是常事。人們的飲食已經從溫飽型向營養型、保健型轉變。

　　通化滿族喜吃黏食、酸食、酥品和涼食。主要有蘇子葉餑餑、椴樹葉餑餑、酸湯子、豆包、火勺等。蘇子葉餑餑，多以小黃米浸泡後，磨成水麵，熟小豆泥做餡包成餃子狀，外用蘇子葉包合蒸熟，熱食涼食均可。酸湯子，俗稱碴子，將玉米或高粱米、小米水泡磨細，經發酵，過濾成麵糰後，手握湯子套擠成條狀甩在滾開的鍋內煮熟。食用分混湯、清湯兩種。黏火勺，將黃米浸泡發酵，加工磨成水麵，包入小豆泥拍成餅狀，在油鍋裡烙熟，香黏可口。冬季

可冷凍儲存。此類飲食亦受境內各族人民所喜愛並相沿成俗。

朝鮮族以大米為主食，時而混以玉米碴和小米，喜吃乾飯和醬湯。用黏米蒸熟製作的打糕，配有作料和肉湯精製的冷麵是朝鮮族招待客人的風味主食。副食中各種小鹹菜為朝鮮族常備菜餚。鹹菜種類繁多，有鹽醃辣椒、蒜醃辣白菜、咸蘿蔔條、辣椒醬以及桔梗、蕨菜等各種野菜泡製的小菜，其他民族也喜食。辣椒麵為常備調味料。

▲ 猴腿

漢族及其他民族的副食，以白菜、蘿蔔、土豆為主，雜以其他蔬菜。俗話說：「冬酸菜，夏白菜，一年四季大醬老鹹菜。」十一屆三中全會後，政策放開，南菜北運，東北日光溫室種植技術的推廣普及，人們一年四季可以吃到品種繁多的新鮮蔬菜。春季，人們結伴到野外採集蕨菜、大葉芹、刺嫩芽、四葉菜、貓爪子等山野菜，豐富餐桌。立秋後，入山採集黃蘑、青蘑、榛蘑、松樹傘、黏糰子

▲ 榆黃蘑

等十多種蘑菇，味道鮮美，唯山區人所獨享。

肉食，漢族以食豬肉為主，輔以牛、羊、雞、鴨、兔肉等。朝鮮族特別喜食狗肉，多在伏天熬湯吃，認為熱天可滋補。食後不喝涼水，不睡涼炕。現在食用已不分季節。朝鮮族還喜食烤牛肉和生牛肉膾。新中國成立後，逐漸喜麵食，炒菜，以豐富本民族的飲食品種。回族禁食自死物、血液和豬肉。食牛羊肉。滿族不食狗肉。過去本地居民有吃野生動物的習慣，每年秋冬季節入山狩

獵，捕野豬、狍子、山雞等食用。二十世紀六〇年代後，隨著野生動物保護法規實施，大部分動物已禁獵，人們開始養殖梅花鹿、山雞等。人工養殖的哈什螞仍是飯桌上的佳餚。

本地水果有西瓜、香瓜、蘋果、梨、李子、山楂、葡萄、山裡紅、草莓等。人們有在秋季入山採集山梨、山葡萄、山核桃、獼猴桃等野果的「小秋收」習俗。

境內居民有吸菸、飲酒、喝茶和親朋間交往向客人敬獻的習俗。吸菸，主要是曬菸。吸菸者將煙袋拴在煙袋桿上，吸時煙袋鍋伸進煙口袋裝滿點燃。新中國成立以來，吸機製煙卷者與日俱增。飲酒，過去以白酒、黃酒為主。新中國成立後，城市居民還飲用葡萄、山楂等果酒。二十世紀七〇年代後，啤酒逐漸為人們所喜歡。飲茶，舊社會為富有者所好，一般平民很少喝茶。有些人以糊米、燒糊棗、山裡紅乾沏水喝。新中國成立後，城鄉人民已習慣喝茶，並講究品位。

住宅　舊社會，漢族的住宅多數以茅草土房為主。一般坐北朝南，向陽開門，為正房。亦有在正房前蓋東西廂房的。結構造型有每戶一至三間不等。三間以中間開門為灶房，東西間為臥室。兩間以一間為灶房，另一間為臥室。一間多為筒子房，山牆開門，鍋灶連炕。臥室多為對面炕，男女老幼同室。年輕夫妻在炕前掛幔帳，與對面炕公婆相隔。偏僻鄉村不少貧苦人家住馬架房和地窨子，地主和城內官吏、紳士、商賈，一般都是深宅大院，磚瓦房，玻璃窗，紅門樓。

住宅結構，初以原木構築，房蓋是木板上扒泥苫草。後改用石塊泥土砌牆，有柱、梁、檁，窗以木製扇，外糊毛紙禦寒。晚清官府寺廟房屋建築比較正規，皆為堅固的青磚青瓦房。民國年間，商店、貨棧、學校，以及有錢有勢人家皆建磚瓦房。門窗製作精細。窗櫺有雲級、盤腸、「福在眼前」等圖案。牆外用磚、牆內用坯，白石灰砌築，外寒內暖，冬暖夏涼。因年久易脫層，漸改全磚砌築。新中國成立後，鄉村住房用紅磚砌築，屋架逐步多梁化，不用柁

檩，簡單易做，安裝輕便，節省木材。窗戶由糊紙改為鑲玻璃。城市居民逐漸遷入公產住房。二十世紀五〇年代為平房，六〇年代始蓋鋼筋混凝土結構樓房，一般為三層、四層，最高為六層。黨的十一屆三中全會後，住宅增多，冬季統一供暖，以床代炕。八〇年代以後，人們的居住狀況發生很大改變。在城市，首先是一部分先富起來的居民購買商品樓房，隨後是大批機關幹部和部分企事業單位職工由單位分配房屋改為購買房屋。由於採取了集中供熱的方式解決冬季取暖問題，過去家家戶戶買煤、拉黃泥、扒煤灰、污染環境的情景一去不復返。在農村，陸續富裕起來的人家首先選擇建磚瓦結構新房。二十一世紀初全市開展「新居工程」建設，幫助貧困人家蓋起磚瓦房。富裕人家建起樓房，仿照城市樓房標準接暖氣，設客廳，安大床，買沙發，裝潢考究，高檔豪華。許多鄉村拋棄過去木材、秸稈、茅草做燃料傳統，改用液化氣、沼氣和電力。

「口袋房，萬字炕，煙筒杵在地面上」，這是滿族居室的獨特格局。口袋房，是沿襲滿族先人穴居結構而來。一般是三間或五間正房，坐北朝南，大多是東邊開門，進屋是伙房，為外屋，往裡是串堂的寢室，因形如口袋而得名。也有中間開門的稱「對面屋」。中間進門是伙房，為外屋，東西兩側為裡屋，即臥室。室內火炕有南西北三面構成的萬字炕，或稱轉圈炕、栲子炕、蔓枝炕。南北為大炕，東端接伙房灶，西為窄炕，下通煙道，接房外煙筒。滿族以西為大，南次之，北最小。西炕供奉祖先，南炕住長輩，北炕住晚輩。青年夫妻要掛幔帳。煙筒多用坯、石、磚砌成，也有用空心木或木板合圍而成，要高過屋簷數尺，炕才好燒。

朝鮮族房屋，新中國成立前多為土牆草房。南面以木搭架，屋頂為四斜面，多以稻草苫蓋。每座房屋廚房間大，多鍋大鍋台。室內用土磚或石板鋪滿炕，進屋脫鞋，席炕而坐，門同時也是窗，左右開合，外糊紙。新中國成立後，城鎮朝鮮族蓋起磚瓦結構房屋，室內布局與漢族住房相同，部分朝鮮族仍搭滿炕和大鍋台。二十世紀七〇年代，農村逐漸拆除土草房翻蓋磚瓦房。八〇

年代後，朝鮮族傳統房屋逐漸消失。

行路 二十世紀初，城鄉人民往來主要靠步行。官吏、富豪則騎馬、乘馬車。長途旅行，夏季有通往安東的船隻和木筏，冬季有各種畜力爬犁。

東北淪陷時期，城鄉運輸工具有花軲轆車、畜力爬犁和膠輪車。一九三二年始有客運汽車。三〇年代中後期，梅（河口）輯（安）鐵路營運，水路運輸衰落。城內相繼出現了二馬車和自行車。二馬車分有篷和無篷兩種，皆前後設兩排座，可乘六人，行駛時「得得」有聲，乘客甚感悠然。自行車市場有售，能購起者甚寡。新中國成立後，全市逐步形成四通八達的鐵路和公路網絡，人們出行不再困難。一九五八年通化市內開闢第一條汽車客運路線，人們開始以汽車代步。六〇年代後，自行車普及，並有了摩托車。一九七八年後，機動車迅速發展。進入新世紀後，通化市內公共汽車線路已超過五十條。個體出租轎車滿街跑，招手即乘坐。通化市所轄各市縣亦然。通化市民購買轎車已很普及。

▌婚嫁壽慶

婚嫁　漢族在舊社會的婚姻制度是一夫一妻和一夫多妻並存。早婚盛行，「童養媳」亦不少。近親結婚稱親上加親。妻死丈夫可再娶，夫亡妻不准再嫁。

舊時婚嫁過程是求婚、認親（即定親）、結婚。求婚全由父母包辦，先看是否門當戶對，再看屬相是否相剋，五行八字是什麼命。凡屬相不犯剋、命屬八字相合相生、門當戶對的男女方可訂婚。否則，再相愛也不得成婚。

認親又稱訂婚。認親時，男方要付給女方家金錢、金銀首飾、禮物，並訂立婚書。

▲ 牽轎

結婚，要選擇良辰吉日。婚期臨近，媒人給女方家送「庚帖」，寫明婚期、時辰、命屬和忌諱。「庚帖」一式兩份，男女雙方各存一份。富有人家的婚事要大辦三天。第一天「走喜桌」，殺豬宰羊，備辦美酒佳餚。第二天，新郎著盛裝告廟禮，祭祖墳，拜父母和長輩親屬，女方家送嫁妝，男家陳列婚室謂「亮轎」「裝箱」。第三天為結婚「正日」，迎娶新娘。花轎進門，紅氈導進。司儀按既定時辰主持婚禮儀式。新婚夫婦拜天地，拜高堂，夫妻對拜。然後新郎新娘入洞房，新娘上炕「坐福」。這天，親朋好友、左

▲ 跳火盆

鄰右舍登門賀喜，餽贈錢物。男家立賬收禮，大擺宴席，招待各方賓客，新婚夫婦向親朋來賓敬酒拜席。晚飯過後，與新婚夫婦要好的青年男女到洞房中嬉鬧，稱「鬧洞房」。婚後七天新婚夫婦持禮品同去女方家，稱「回門」。

貧窮人家的兒女結婚無力操辦，婚禮只得從簡。一般按雙方老人商定的日子，男方把姑娘接到家，幾個菜，親朋在一起喝頓酒，喜慶一番。極貧寒人家，啥也備不起，新婚夫婦向「灶王爺」磕個頭，即算結婚。

▲ 交杯酒

▲ 挑蓋頭

新中國成立後，國家頒布《婚姻法》，實行一夫一妻制，廢除包辦、買賣婚姻和「童養媳」等封建婚姻制度。提倡男女平等，婚姻自主。男女青年或經人介紹，或自由戀愛確立戀愛關係。到法定結婚年齡，雙方親自到婚姻登記機關依法登記，領結婚證書，確立夫妻關係。

新的結婚禮儀廢除了傳統習俗，婚禮儀式從簡。婚前，送聘禮之舉只在部分農戶尚有沿襲，市民多贈以應時衣料為主，有的給現金，由女方隨意購置結婚用品。男方一般都製作立櫃、桌、椅等家具和其他生活用品。結婚時，男方到女方家迎親，女方家送親。二十世紀五〇年代後期至七〇年代中期，婚禮儀式更簡單，男女青年先向毛主席像行禮，然後向雙方老人及來賓行禮，來賓代表講話後，以菸、茶、糖果、瓜子招待客人，喜慶一番即結束。

二十世紀七〇年代中期之後，隨著人民生活水平的提高，結婚家庭生活用品開始講究，書櫃、高低櫃、沙發椅、沙發床、收音機、電視機、洗衣機出現在新婚夫婦家庭中。結婚場面不斷增大，普遍用轎車迎娶新娘，用攝像機攝像，在飯店舉行結婚儀式，擺設宴席招待雙方親友。

滿族婚姻習俗和漢族沒有大的差異，只是婚日晚飯前拜祖宗龕。次日，新娘給本家人裝煙敬茶，明確輩分。親友要給裝煙錢。待賓客散去，新娘將嫁妝和自己的針線活全亮出來，讓男家婦女鑑賞，叫翻箱，並分贈小件物品，叫散箱。婦女懷孕為「有喜」，或叫「雙身板」。孕婦不參加祭祀、紅白喜事等活動。孩子不能生在炕席上，要揭席，鋪穀草，孕婦在草上分娩。嬰兒生下三天后，親友攜帶雞蛋、紅（白）糖、花布、粉條等禮品祝賀，俗稱「下奶」。不帶禮物不准進產房，以防奶水被帶走。嬰兒要用紅布縫製小枕頭睡頭。小孩滿月，依娘親舅大之習慣，請娘舅取乳名。姥姥家贈送搖車（悠車）。悠車多為樺、椴、柳木製作，橢圓形，兩端微翹似船，有四環用繩子吊於梁上，將小孩放入悠車悠擺。百天時去姥姥家串門，姨、舅給掛「長命百歲」鎖。

朝鮮族婚姻舊時有「會面」「訂婚」「納幣」「婚禮」四道排場。

會面：又稱相親。經媒人牽線瞭解男女雙方家庭，認為門戶相當，由男方

父親（或叔叔、哥哥）率其子到女家，向女母磕頭。女母如無他辭即認親。

訂婚：相親後，男方請算命先生推算男女「宮合」（生辰八字）是否合乎「四柱」（生辰年、月、日、時），若無「衝剋」，父子一同攜帶酒、肉、點心到女家，設宴招待親朋摯友，舉行訂婚儀式，並擇定婚期。

納幣：又稱納彩。訂婚後，男方籌辦禮妝。一般購置新娘衣服、被料及五穀、玩具等。婚前擇吉日送往女家，由女方做好被縟及新郎禮服，並準備贈送公婆及近親的見面禮。

婚禮：先在女家舉行，稱新郎婚禮。舊時婚日，新郎騎馬或坐轎，若路遠，在女家附近備好房子換禮服（蟒袍、玉帶、烏紗帽），按預定時間到女家，主禮人方可主持婚禮。新娘身穿粉紅色（或白色）禮服，頭戴面紗，同新郎入室依次拜祖先、父母後，新人對拜，互換禮物，互相敬酒。拜畢，新娘回房休息，新郎入席。女家為新郎備置大桌，上擺各種美味佳餚，豐盛又藝術，俗稱婚席。新郎禮完畢，當日新郎新娘回男家舉行新娘婚禮。規模與新郎婚禮相似，但新娘婚席要更豐盛。必有蒸熟的整隻公雞，昂首挺胸，嘴叼大紅辣椒，象徵婚後多子多孫。當晚，親鄰好友聚集，飲酒歌舞到午夜。次日，新娘帶著已備禮物叩見公婆及近親，第三日晨，新娘親手做頭一頓飯，後「歸寧」（回娘家）。

壽慶 生日慶典是人們生活的一件大事。對孩童，出生後第三十天時，親朋好友都登門祝賀，送紀念品，叫作「吃滿月酒」。個別地方到第十二天時就操辦，叫作「吃十二日酒」。每逢出生日，爺爺奶奶和父母都為孩子過生日，有的近親也登門祝賀，有的送生日蛋糕，有的送壓歲錢。二十世紀八〇年代後，還在生日蛋糕上插小紅蠟燭，有幾歲插幾根，點燃後由過生日者吹滅。這天孩子早飯吃麵條，叫作「長命百歲」。

青年人過生日，不大講究儀式，有時慶祝，有時不慶祝。

對老年人的生日，尤為重視。兒女和晚輩們在老年人生日那天，買些老人喜歡吃的、穿的、用的送給老人。一家人團聚在一起為老人祝壽，親朋好友也

登門祝賀。八〇年代後，每到六十歲生日，六十六、七十三、八十四歲大壽，更為重視，要在飯店舉行壽禮儀式。過生日老人坐在高堂上，兒孫等晚輩分別行禮，祝老人健康長壽，晚年幸福。

滿族和漢族的生日習俗已趨於一致。

朝鮮族對老人的生辰備加重視，特別是每到六十一歲生日時，兒女和晚輩們以及親朋好友，不管路途多遙遠也得趕到給老人祝壽。祝壽時老人前面擺滿壽桃、糕點、水果等食品。兒孫們向老人行禮祝壽，通宵達旦地敲鑼、打鼓、唱歌、跳舞，邊喝酒邊玩樂，氣氛和諧，熱烈隆重，方式別具一格。

朝鮮族舞蹈

朝鮮族是通化境內主要民族之一，在集安、柳河、通化縣、梅河口、輝南都有朝鮮族鄉鎮。朝鮮族人民能歌善舞。

朝鮮族舞具有鮮明的民族特點和地方特色，是一種民間舞蹈。朝鮮族舞分單人舞、雙人舞、群舞三種，以群舞見長，有十六套組合完整、自成體系的基本舞蹈動作，充分表現了朝鮮族的風

▲ 美由心生

情習俗、生活環境、歷史傳統，特別是反映了朝鮮族人民的勞動、生活、思想和情感。主要樂器是朝鮮族嗩吶和單鼓。朝鮮族舞節奏明朗、歡快、舒緩、穩重，舞姿端莊、輕盈、柔美、嫻雅，動如柳絲，靜如鶴立。據史料記載，「清同治九年（西元1870年）在通化已形成朝鮮鄉村」。朝鮮族人民能歌善舞，歷史形成了自我參與、自我表現、群體意識等文化心態，因此朝鮮族舞是朝鮮族日常生活的重要組成部分。每逢喜慶、結婚、祝壽之日，或插秧、秋收勞動之餘，都要身著整潔鮮豔的民族服裝，開展歌舞活動。或以家庭家族為單位，或以村屯為單位，「連日飲酒歌舞」，「夜則男女群聚而戲」。

通化境內影響較大的是「農樂舞」（後改成「豐收舞」）、「單鼓舞」等。日偽統治時期，由於野蠻的文化侵略和對村屯實行血腥的燒房並屯政策，朝鮮族民俗舞蹈生活被迫停止。中華人民共和國成立之後，特別是土地改革、抗美援朝、大躍進時期，朝鮮族人民翻身得解放，精神振奮，心情愉悅，朝鮮族民俗舞蹈活動異常活躍。一九六二年，通化縣有五個朝鮮族村辦起了業餘文工團，在鄉、村演出。「文化大革命」初期，「忠字舞」取代了民間舞蹈。後期，朝鮮族舞蹈發展到歌伴舞，載歌載舞，不但朝鮮族跳唱，其他民族也學跳學唱。黨的十一屆三中全會以後，通化市所屬各縣（市）成立了朝鮮族鄉鎮。各

▲ 美麗的朝鮮族舞蹈

鄉鎮組織了歌舞隊，蒐集、整理、編撰「朝鮮族舞蹈集成」，大力挖掘朝鮮族
舞蹈豐富的遺產。同時，聘請延邊朝鮮族自治州文藝團隊到通化縣城及三個鄉
演出交流。許多朝鮮族群眾乘車前往觀看。使群眾性舞蹈更加活躍。一九八〇
年五月，輝南縣舉辦全縣朝鮮族文藝會演，三十五個演出隊三百五十八名演員
參加，演出了舞蹈、獨唱等一百零三個節目。又組織朝鮮族業餘文藝隊到朝鮮
族聚居的板石河、樓街等十幾個村，巡迴演出了《阿里郎》《道拉吉》《陽山道》
等二十五個節目，觀眾達五萬多人次。

長白山滿族民間傳統醫藥文化

　　在漫漫的歷史長河中，滿族及其先民不斷積累、創造了燦爛的滿族文化。其中，滿族民間傳統醫藥文化不僅歷史悠久，而且獨具特色，成為博大精深的中華民族醫藥文化重要組成部分。千百年來一直在長白山區、在通化大地上豐富著、傳承著、發展著。

　　自成一脈的滿族醫藥文化體系　滿族先民依託長白山豐富的藥用動植物資源、獨特的生態環境，在幾千年與惡劣的風雪嚴寒的生存環境鬥爭中，總結出包括滿族民間醫藥單方、經方、驗方、祖傳秘方在內的地方傳統醫藥文化體系，其獨特的診病方法，治療方法如滿族火罐、針灸、秘製膏藥等已經形成了具有本民族特色的傳統醫藥文化的基本內涵。這一文化，是滿族民眾創造的與

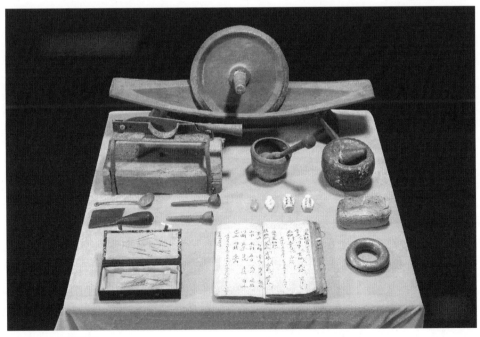

▲ 長白山製藥工具

醫藥相關的物質文化、精神文化、組織制度文化的總稱。一是有形醫藥文化，即滿族民眾在醫藥活動中創造的物質文化成果；二是無形醫藥文化，主要是精神文化（如傳統醫藥知識，以醫藥為內容的民間文學等）和組織制度文化。

滿族民間傳統醫藥早年在長白山區分布廣泛，現在分布區域主要在通化的梅河口市、集安市、通化縣（果松鎮、四棚鎮）、柳河縣（三源浦鎮）。

巫醫結合的滿族醫療形式　在通化的滿族歷史上，薩滿與醫藥混雜久遠，其主要的醫療形式就是巫醫結合。早期薩滿的職責同於巫，在文化知識結構方面，兼通天文、地理、歷史、醫藥等諸學科知識，在氏族的發展中占有舉足輕重的地位。薩滿的主要職責之一就是為人們祛邪除病。也正是因為薩滿能夠為滿族民眾治病解痛，才得以在民間長期存在。其「醫療活動往往以巫為主，而且藥也服從於巫，藥力是通過巫力而顯現的，巫師同時也是醫生」，醫療和巫術都統一於醫療活動中。因此，巫藥結合，巫藥互用，信藥之中有信巫之成分，信巫之中亦有求藥之要求。

薩滿在巫術的神祕氛圍下，通過跳神及簡單的方藥和療術為民祛病，確有一定的實際療效，深得民眾的信任。一方面，很大程度上是在心理方面得到調理和醫治的結果，另一方面就是對藥物的掌握與合理應用。而這兩個方面，後者起到了良好的作用。

豐富多彩的滿族民間常用植物藥　薩滿在民間的醫療實踐活動中，對長白山的藥物已經有了比較豐富的認識和瞭解，主要是來自師承授受和來自平時生產和生活經驗的積累。薩滿及其滿族治療疾病所用的藥物，基本上都是當地的動物、植物和礦物藥，人們已經發現並總結出三百多種藥物。

常用的幾種藥物：人參（又名：棒槌，滿語奧丞達），滿族最早在長白山區發現大補元氣的野山參能起死回生；土三七（又名旱三七，滿語貝蘭拿旦），滿族民間常用它臥雞蛋煎湯，食雞蛋喝湯內服，治療跌打損傷。或用鮮莖葉搗爛外敷，活血化瘀，消腫止痛；北芪食（又名黃耆，滿語蘇杜蘭），滿族民間常用它煎水當茶喝或用它放入白條雞膛內煮食，吃雞肉喝湯，能補中益氣，增

強體力；黃檗（又名黃菠蘿樹皮，滿語勺渾炭古），滿族民間常用它熬水喝，治療多食、多便的消渴症；細辛（又名細參，滿語那勒賽渾），滿族民間常將鮮全草搗爛外敷治寒腿疼症，全草曬乾研末漱口治牙痛症，以乾藥麵少許吹入鼻中治感冒鼻塞不通氣；靈芝草（又名紫芝，滿語沙炳阿參），滿族民間常用它泡酒飲或研末服，治療冠心病、氣管炎、支氣管哮喘症；五味子（又名山花椒，滿語孫扎木炭），滿族民間常用鮮枝條燉蘿蔔代替花椒，用五味子、白礬等分研細末後，以煮熟的豬肺蘸藥末嚼食，或用開水沖服，治痰咳哮喘症；血見愁（又名八角灰菜，滿語申給沙奏），滿族民間常用鮮莖葉煎水臥雞蛋，喝湯吃雞蛋或曬乾熬水喝，治療婦女月經不調、崩漏症……

有關滿族藥物和藥效不勝枚舉，最權威的當屬民間流傳的「薩滿百草歌訣」。當年有個遠近聞名的滿族民間醫生宋姓老薩滿（1905年至1979年），梅河口市興華鄉金家崗村人。他不跳神而是採用土藥土方給人治病，四十年前將此歌訣親傳給了徒弟常紀慶。歌訣全文一百二十八句，一千三百多字：公英解毒治乳癰；車前利尿把目明；清熱瀉火有苦碟；袪淤生新益母草，調經通絡不可少；清熱解毒金錢草，咳嗽排石不可少；壯腰健骨羊藿葉；腰腿風濕透骨草；清理肝火柴胡用；走馬芹止痛把風袪……

別具特色的滿族民間常用療法　東北氣候寒冷，冬季漫長。世代居住在這裡的滿族人在長期與疾病抗爭的生活實踐中，積累了豐富的民間醫藥知識和經驗，形成了一些別具特色且行之有效的醫療方法，至今仍然保留著並為人們所喜用。

1.針灸療法。針灸療法在我國起源較早，應用和流傳比較廣泛，歷史上早已被各民族所採用。滿族一些頗有造詣的薩滿和文化人將薩滿治病的經驗進行歸納、整理，總結出「薩滿七十二穴」。

2.食物療法。食物療法又稱食治，即利用食物的調理來影響肌體各方面的功能，增強人體素質和對於疾病的抵抗能力，從而獲得健康或愈疾防病的一種方法，應用於日常飲食方面，又稱作藥膳。如以豬肉為主料的「野參七星肘

▲ 新落成的長白山醫藥物流中心

子」「益壽膠凍」「黃金肉」等，還有典型的「八珍糕」藥膳等。

3.藥酒療法。藥酒療法是選配適當藥物浸於酒中，加工製成含藥酒劑，通過內服或外用以防治病症的一種治療方法。如人參酒、參茸酒、虎骨酒等藥酒，是早期滿族獵戶常備之物。

4.熱熨法。這是典型的少數民族地區醫療方法，主要是一些局部熱熨法。常用的有鹽酒米袋烙風氣病、燒柳汁熨咬傷、燃艾子灸傷痛等。

5.冰敷法。冰敷法主要用來治療高燒不退、內熱、昏厥等症。如有天花等傳染病流行，也多用此法。遇到其他病症，如心、胃有火，燥熱煩悶及患痢疾，薩滿便讓患者吃冰塊，或者是用草藥水凍成的冰塊，讓藥效和冰療同時起作用，達到洩心火、胃火、腸中之火的目的，從而減輕病症。

6.躲避法。躲避法與隔離法道理上是相同的，不過是健康人與病患者距離的遠近而已。長白山區滿族先民創用的躲避法，則主要用於防止天花、瘟疫等

傳染病的流傳，完全是不得已而為之的，屬於被動的預防方法。

7.溫泉洗浴療法。長白山區溫泉資源豐富，此水含有大量的硫黃和多種礦物質及微量元素，對人體具有一定的醫療保健作用。滿族習慣上把溫泉叫「湯泉」，把利用湯泉洗浴治療關節炎、皮膚病及其他慢性病稱為「坐湯」。

源遠流長的滿族民間醫藥傳承　由於其歷史和生態原因，長白山滿族民間傳統醫藥形成了其獨特的傳承方式。主要有三種方式：一是薩滿傳承系列，很多薩滿掌握著大量的醫治疾病的經方，並得以流傳。二是家族傳承系列，父子相傳、母女相傳及其他族系的傳承，一般以祖傳秘方、祖傳絕技為主。三是師徒傳承系列，通過師傅的口傳心授，把滿族民間傳統醫藥一一傳授給徒弟。

在長白山區，最具代表性的人物叫常紀慶，男，五十三歲，現任通化師範學院滿族醫藥研究所所長。其祖輩世居長白山，曾祖母、祖母為滿族人，世代行醫，輩輩相傳，現傳留奉天寶和堂秘籍一部，內藏大量祖傳秘方。少年師從

老薩滿宋先生（學得滿族紅傷接骨、針灸絕技、滿醫金三針，練就滿醫接骨按摩用「擒龍伏虎手」手法）和孫先生（學得滿族摸指診病手法）。幾十年來深入長白山區挖掘、整理、學習滿族醫藥，運用現代科學研究方法，為滿族醫藥系統化、產品化、滿族醫藥文化傳承網絡化做出了重要貢獻。此外，年輕的通化縣果松醫院醫生孫丙春，長期運用滿族針灸療法（滿醫金三針）和滿族膏藥為患者治病。

滿族先民在長期的生產實踐中積累形成了燦爛的民族醫藥文化，為中華民族繁衍昌盛做出了重要貢獻，對世界文明進步產生了積極影響。

作為滿族發祥地後人，承載著保護、研究、挖掘、傳承和發展滿族民間傳統醫藥文化的歷史使命。新中國成立後，特別是改革開放三十年來，通化在弘揚滿族傳統醫藥文化，推動現代醫藥產業發展中高歌猛進，形成了以修正藥業、東寶藥業、萬通藥業等國際知名醫藥企業為代表的醫藥產業基地，形成了因藥知名、以藥聚財、以藥招商的「中國醫藥城」品牌優勢，形成了醫藥工業、醫藥商貿、醫藥科技、醫藥教育、藥材基地和醫藥文化旅遊「六位一體」協調發展的格局，使滿族民間醫藥文化和現代醫藥產業文化實現了深度融合，相映生輝，並以藥濟天下、造福蒼生的文化元素，大放異彩。

長白山人參文化

人參是亙古走來的山水精靈，是大自然賜予長白山人民的得天獨厚的禮物，號稱「百草之王」「百藥之王」「百補之王」。與人參有關的生產勞動、醫藥飲食、經濟貿易、民風民俗、神話傳說、藝術創作等構成了博大精深的中國人參文化。西漢末年《春秋緯》有「瑤光星散為人參，廢江淮山澤之祠，則瑤光不明，人參不生」之句，把人參的生長與天象結合起來，可謂是人參文化的最初萌芽。

人參主產區在長白山，通化集安新開河參為中國人參之王牌，二〇〇七年「集安新開河邊條參栽培技藝」被吉林省政府列入第一批非物質文化遺產名錄。正所謂「世界人參看中國，中國人參看吉林，吉林人參看通化」。長白山

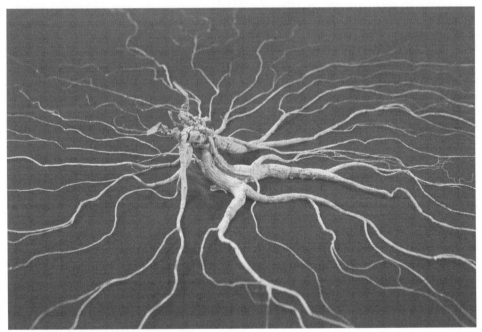

▲ 吉林長白山人參博物館收藏的野山參

人參文化因此成為中國人參文化最重要的一脈。

據人參文化研究專家通化師範學院孫文采教授二〇一三年最新研究成果表明：中國人參的應用史已有五千餘年。十六國時前秦隴西安陽人王嘉在《拾遺記·炎帝神農》中這樣記載：「神芝發其異色，靈苗擢其嘉穎」。「靈苗」即人參。

▲ 參花

長白山人參的應用史起源於西元三〇〇年的北方少數民族高句麗，其建都於集安長達四百二十五年。據《資治通鑑》載：西元三四二年，燕王慕容皝攻打高句麗，曾經「毀丸都城而還」。丸都城為今集安市區。又據《太平御覽》載：「慕容皝與顧和書曰今致人參十斤」，記述的是慕容皝毀丸都城西歸而把從高句麗國掠奪的十斤人參作為禮品。由此可見，集安人參起源於漢代。按照漢末算，長白山人參應用史至今已有一千七百九十餘年。

長白山人參的藥用史最早可追溯到《名醫別錄》的記載：「人參生上黨山谷及遼東。」古遼東，包括今長白山區。西元前一〇八年，西漢在遼東地區建立過地方政權玄菟郡，而輯安（今集安）當時即為玄菟郡屬下的高句麗縣。

在明代嘉靖到萬曆年間，醫藥論著大批問世，其中與人參關係最為密切的是李時珍編著的《本草綱目》。他整理出六十七個運用人參的處方，就其內容精深和字數浩繁而言，「人參」項下所載數量超出了《本草綱目》中任何一味藥。

著名滿族文化學家富育光先生考證：在滿族長篇說唱《兩世罕王傳》裡多次提到的一個滿語「東壁色夫」（音即「東壁師傅」），「東壁」即李時珍。在明萬曆年間十幾年，李時珍來長白山脈五女峰一帶採參，被努爾哈赤手下的兵抓獲。女真人一再追問，始終不說自己的名字，只說自己是南醫（漢族醫生）。在被俘期間，他為女真人療傷治病，用湯藥給努爾哈赤洗腳。努爾哈赤

稱他為「斡克多瑪法」（醫生爺爺），女真人稱他為「神人」。由此推測，《本草綱目》中關於人參的論述與研究，基本是以集安人參為樣本的。

對於人參的藥用價值，基本共識是：人參是天地之菁英，具有大補元氣、扶正固本、抗疲勞、抗衰老、抗缺氧、抗癌等多種功能。人參既是治療藥，又是保健品。美國《時代》雜誌曾出刊介紹中藥人參、蘆薈、大蒜、銀杏葉等。

長白山獨特的採參習俗是在漫長的時間堆疊之下逐漸形成的，並相沿相襲而成山規。習俗必遵，山規必行。入山後要搭建老爺府，跪拜山神老把頭求得護佑。發現人參，必跪拜山神老把頭以示感謝。移栽幼參到園圃，也要跪栽跪蒔弄。「拉背」進山時，人數去時為單，三、五、七、九不等，以求歸時為雙，因為挖的人參也是「人」。尋參叫排棍，要依次排坡而行，頭棍（把頭）在先，二棍跟隨，腰棍初把郎（新手）在中間，邊棍在最後。排棍需要聚精會神，不得多言，看山花野果，不可隨意說好，說「好」必須說「拿著」，且不許扔掉。說話亦有山規，遇見蛇叫「錢串子」，歇息稱「拿堆兒」，吃飯、睡覺、取火分別叫「拿飯」「拿覺」「拿火」。抬參工具前邊一律加「快當」，快

▲ 正在洗參

當扦子、快當刀子、快當斧子、快當繩子。尋參的索撥棍不能用來打生靈草木，不能扒皮；歇時立於身旁，放山歸來立於老爺府前。最忌諱的是「麻達山」（迷路）或飯鍋壞了、飯碗摔了，遇此都要下山。尤其看重夢兆：夢老虎攆人、窩棚失火等皆屬凶兆，要下山。夢見抬棺材出殯、姑娘媳婦、老頭老太太等為吉兆。發現人參，有儀式，一人喊山：「棒槌——」；同伴接山：「幾品葉？」回答：「五品葉！」賀山：「快當！快當！」之後，用紅絨繩繫之，用乾

▲ 集安邊條參

隆銅錢鎮之，並伏地叩拜山神老把頭，再開始抬參，而且必須抬大留小。有成熟的種子，要播於地下，留給後人。填平埯坑，插上樹枝，不可弄得一片狼藉，並在附近樹身砍出「兆頭」（標識），標記此處出土多少人參及放山人數。下山時，住過的窩棚不得拆掉，餘剩的米鹽不能帶走，以留他人來用。古有「採作甚有法」，說明採參習俗產生的原因非常複雜，是中原文化與女真文化相互碰撞的結果。也許人參奇特的藥用功效，從始至終的採參規則，近似宗教的虔敬儀式等令採參人心生膜拜之意，從而生出一套沿襲至今的習俗文化。

　　長白山人參的神話傳說最早見於《春秋運斗樞》的記載。長白山有兩千多種植物，能形成文化體系或現象的卻只占極少數，而形成神話傳說的只有人參。南北朝時已形成人參傳說的簡單情節。《梁書》記載：「陳留孝子阮孝緒，因母病到鐘山採參，鹿引獲此草，服之遂愈。」《太平御覽》亦載：「隋文帝時，上黨有人宅後每夜有人呼聲，求之不得。去宅一里，但一人參枝首，掘之入地五尺，得人參一，如人體狀，去之，後呼聲遂絕。」至唐時發展為「草妖」

「地精」的說法。有的還把人參說成能醫治「魯鈍」和可以益壽的「褐衣老翁」。

清代安圖縣首任知縣劉建封（又名劉大同），於一九〇八年率隊科學勘測長白山四次，留下一本長白山文化奠基之作《長白山江崗志略》。內有人參故事四篇：《參洞》《不義之報》《許丫頭醉酒得參》《參童購草帽》。

近代以來，長白山地區成了大量人參故事流傳所在。它主要是從事挖參的勞動人民的口頭創作，舊的盛傳不衰，並不斷產生新的人參故事。這些傳說往往充滿著神奇的幻想，表現了挖參人的善良、勤勞、互救互濟、不畏艱辛等優秀品質，反映出人民對美好生活的憧憬。穿紅肚兜的「人參娃娃」、頭插紅花的「人參姑娘」、善良的「白髮老翁」等人物，以優美的形象、善良的品質、神奇的魔力，出沒於深山密林，幫助辛苦的參農戰勝敵人，發財致富，或獲得愛情、健康和幸福。在藝術上，人參傳說一般構思奇特，情節比較曲折，形象生動感人，富有民族風格和美學價值。

這些傳說中最著名的是關於山神老把頭孫良的傳說，這是長白山人參文化的精髓所在。

孫良是挖參人和種參人的始祖，他以堅強的毅力踏出了一條人參之路。從此以後，人們都尊他為「山神老把頭」。放山人進山第一件事，是用三塊石頭立個廟，插草為香，叩拜祈禱，求「山神老把頭」保佑。然後，手拄木杖，披荊斬棘。後來，石柱子一帶，有人仿學老把頭，把參籽參身作池栽培，把野山參變成了園參，一代一代傳下來，這就是「柱參」。為了紀念老把頭，參農把他的生日農曆三月十六作為紀念日。每當這個日子，參民們在參園老把頭廟，或到老把頭墳，擺供品，燒紙燒香，磕頭祈禱，以表達對「山神老把頭」的崇敬之情。這個習俗，一直延續至今。

二〇〇九年，挖參始祖老把頭傳說被列入吉林省非物質文化遺產代表名錄。

長白山人參詩歌是人參贈予人類的另外一份精神文化遺產。中國古代帝王

和文人在服用人參的同時，還詠詩歌頌人參。最早的人參詩見於南朝齊梁時期醫學家陶弘景在《名醫別錄》《藥總訣》中收錄的一首《高麗人作人參贊》：「三椏五葉，背陽向陰，欲來求我，椵樹相尋。」還有錢起、皮日休、陸龜蒙、蘇軾、元好問、楊賓、乾隆等文人寫下了八十餘首人參詩。這些人參詩，或描寫人參的形態、習性、價值，或詠物抒情，成為從文學角度研究人參文化的重要參照。

▲ 在通化新落成的吉林省人參電子交易市場

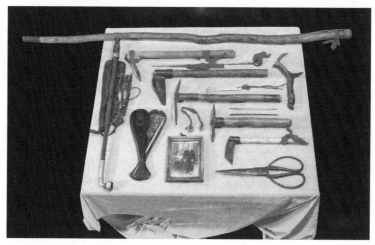

▲ 長白山放山（採參）文化

松花硯文化

康熙年間，興博學鴻儒科，松花硯便因此而生。

當時盛京（瀋陽）流傳著「都統愛子中舉」的傳說。說的是有一次鄉試，四面八方的學子彙集盛京。這年的秋天特別的冷，進入考場後，研好的墨汁不一會兒就凍結了，考生不得不一邊呵氣溫硯一邊答卷，唯有一名考生下筆行文如水，絲毫沒有受到低溫的影響，成績位列鄉試之首。其他眾考生紛紛抱怨沒考好是因為硯池墨汁凍結的緣故。主考官找這位考生拿硯來問，考生呈上所用之硯說：「此硯是父親當年隨同京城武默納拜謁長白山時所用的長白山磨刀石，由於使用年久石已磨成凹形，臨近盛京趕考，父親將磨刀石順勢挖成硯池和硯堂，沒想到這塊石硯發墨又快溫潤益毫，這麼冷的天貯墨不凍，所以答寫題文流暢。」消息傳到京城，康熙傳武默納詢問此事。武默納答確實在混同江邊砥石山採過此石用於開路伐木磨礪鈍刀用，回京時侍衛費耀色還帶回一塊。康熙大喜，傳旨令費耀色將「磨刀石」送武英殿造辦處硯作雕琢，並要親自潤筆試墨。十天后，硯作將新硯送南書房，康熙一試果然是上等的硯材，特別是此硯色彩如松花，細膩溫潤如玉，龍顏大悅，故把「磨刀石」取名為松花石，用松花石雕琢的新硯為松花石硯。隨即發出了「顧天地生材甚裸，未必盡收於世，若此石終埋沒於荒煙蔓草而不一遇，豈不大可惜哉！」的感慨，提筆寫下了氣勢磅礡的松花石製硯說：

盛京之東，砥石山麓，有石磊磊，質堅而溫，色綠而瑩，文理粲然，握之則潤液欲滴。有取作礪具者，朕見之以為良材也！命工度其小大方圓，悉准古式，製硯若干方。磨麋試之，遠勝綠端，即舊坑諸名產亦能弗出其右。爰裝以綿匣，臚之幾，俾日親文墨。寒山壘石，詢厚幸矣！顧天地之生材甚多，未必盡收於世，若此石終埋沒於荒煙蔓草而不一遇，豈不大可惜哉！朕御極以來，

恆念山林藪澤，必有隱伏沉淪之士，屢詔徵求，多方甄綠，用期野無遺佚，庶愜愛育人才之意。於製硯成而適有會也，故濡筆為之說。

這二百二十九字的《聖祖仁皇帝御製硯說》展現了康熙帝武功文治的政治抱負，求賢若渴的博大胸懷和拔擢礦具磨石為文房名硯的文化意義，及作為帝王創製松花硯前無古人、後無來者之豪邁。康熙帝在長達六十年執政生涯中，一直對拔擢松花硯為宮廷御硯而引以為自豪，從此一個歷史上從未有過的新硯種松花石硯在皇宮內苑誕生了。康熙帝開創了用松花石製硯之先河，奠定了松花石硯不同於歷史各大名硯的社會地位和在政治、經濟、文化中的作用，為中華民族優秀傳統文化的傳承發展做出了不可磨滅的貢獻。

這寶貴的硯材，正是出於通化。《吉林通志》載「混同江邊產松花玉，色淨綠，細膩溫潤，可中硯材，發墨與端溪同，品在歙坑之右」。《大金國志》載「鴨

▲ 省級文物保護單位──通化松花石老坑遺址

綠江源出混同江」，《辭海》註釋渾江明代稱為「佟家江」，又曰「混江」。《通化縣志》所附地圖也將「渾江」寫為「混江」，為長白山脈以西之水所注，流至遼寧寬甸入鴨綠江。可以肯定，古時的盛京之東即瀋陽之東正是通化；混同江就是流經通化市的渾江（即渾江與佟家江的合稱）在渾江邊二道江長勝鐵路道口處即有一座磨石山，山腳有一仙人洞，即當年採石所形成，是當年清宮採礦老坑。

自康熙三十年（西元1691年）松花硯研製成功，松花硯成為大清治國理政之利器，尊崇為國寶，即傳旨對松花石產地進行封禁，不許任何人採挖。朝廷在盛京設專司衙門組織專人採挖押運，供宮內使用，內務府調集各地製硯名匠入宮松花硯作，所製松花硯紋樣一律由皇帝審閱欽定後再行雕製，並限制生產數量。從此砥石山的獵戶再也看不到磨刀石了。朝廷專司衙門掌管多少松花石礦，如何開採運輸，屬朝廷機密，至今仍無人破解。第一批生產的松花石硯，康熙帝分別放在乾清宮和養心殿供批閱奏章習書繪畫御用；放在壽皇殿內的松花硯是為列祖供奉之用；存在懋勤殿、端凝殿和昭仁殿的松花石硯是供皇帝賞賜之用。康熙帝如此珍愛松花石硯是從以文治國、以文化人的政治高度，通過硯這種文化載體和象徵達到三個目的：一是松花硯來自祖先發祥地長白山之聖物，我大清作為馬背上的民族不僅武能攻城略地，而且文能治國安邦。松花硯作為朕所研製的御寶，彰顯我大清的文治，象徵皇權神聖江山永固；二是松花石硯品質精良遠勝綠端，堪稱傳承文化之重器，故其寶也；三是松花硯作為宮廷御硯，嚴禁民間生產，專用於御批、供奉祖先、教化子孫和賞賜臣工，起籠

▲ 北京「松花石硯鑒賞會」部分展品

絡群臣、激勵臣工的統治作用。

　　一七一二年康熙六十一歲，在經過二立二廢太子胤礽事件後，將四子胤禛召到御花園，親賜一方松花硯。硯背銘文「一拳之石取其堅，一勺之水取其淨。」暗示將傳位於四阿哥，以勉勵其治學修身，務實進取，堅韌克難。雍正繼位後將此硯作為治國守業的寶物。從康熙三十年經雍正至乾隆六十年一百餘年間，松花硯成為清朝獎勵忠於朝廷建立功勛的最高獎賞，文臣武將王公貴族以能得到御賜松花硯為至高無上的榮耀。一七七四年（乾隆三十九年）乾隆親自主持編纂《西清硯譜》，集歷代名硯二百餘方，將康熙、雍正及自己用過的松花硯列為硯譜之首，將松花石硯晉陞為大清國寶。至此，傳旨松花石封坑停採，查硯料庫存管制，並批示「特出有用處用，欽此。」

　　如果從此時算起，至一九七九年通化對松花石硯重新發掘、傳承、生產，中間失傳長達二百餘年。

▲ 通化關東文化市場出售的松花硯產品

西江稻作文化

　　通化縣西江鎮，以盛產優質稻米而著稱。稻米的生產，需要耕種者有集體意識。因此，人們非常注重團結協作。新春伊始，一起祈禱稻穀豐收，清明後插秧祭拜神靈，稻米豐收舉行活動慶祝；打場間隙人們唱歌跳舞。這些日常生活有著中國稻作文化的深深印記，從而使西江稻作文化成為中國稻作文化的一脈。

　　西江貢米產於通化縣南部的西江鎮。渾江、迭道河、復勝河從這裡緩緩流過，形成了萬畝沿渾江沖積盆地。這裡氣候濕潤溫和，無霜期平均一百三十五至一百五十天。土質肥沃，含磷高、顯酸性，多油沙土，雨水充足，遠離都市污染。這一得天獨厚的自然環境，使得西江大米飄香，名揚四方。清咸豐帝封西江大米為御用貢米。一九五八年周恩來總理為貢米產區——通化縣大泉源分社西江作業區——簽署了「全國農業社會主義建設先進單位」獎狀。

▲ 1958年國務院總理周恩來到通化縣簽署的「全國農業社會主義建設先進單位」獎狀

　　東北水稻種植是從通化興起。說起西江貢米就不得不說一說朝鮮移民。朝鮮北部鴨綠江上游的平安、慈江、兩江、咸鏡等道，土地貧瘠，連年遭災。貧苦的邊民越江到輯安（今集安市）、臨江一帶私墾。初期是朝耕暮歸，進而春來秋去，後來演變為攜眷造舍，長期耕作。同治八年（1869年），朝鮮人開始大規模進入通化。光緒七年（西元1881年），清政府准許朝鮮邊民繼續居住與耕種，領照納租，加入中國籍。朝鮮移民逐年激增，鴨綠江一帶形成了許多朝

▲ 插秧

鮮人居住的村莊。據統計，至光緒三十三年（西元1907年），遷入通化、桓仁、寬甸、興京等地的朝鮮邊民已有八千七百二十二戶，三萬七千多人。清宣統二年（西元1910年），日本占領朝鮮後，大量朝鮮農民陸續移居東北各地。

朝鮮人進入通化後，發現渾江兩岸淤積地多，土質肥沃，灌溉便利，開始刨草甸、挖水渠，引河水，開發水田，種植水稻。道光二十五年（1845年），朝鮮平安北道楚山郡的八十多戶朝鮮農民越江進入通化境內的渾江流域，試種水稻，獲得好收成。

▲ 綠優糧食

咸豐年間（1851-1861），王氏等三戶人家在通化縣下甸子（今西江鎮）開墾沼澤地、澇窪地百餘畝，試種水稻取得好收成。所產大米白若珍珠，口感清香，營養豐富，煮出的米飯柔潤芳香，味美可口。地方官員認為是米中之最，進貢皇上。據說光緒三年（西元1877年）通化建縣時，縣址曾選在下甸子，因慈禧太后喜貢米，唯恐占田絕米，才將縣址改在頭道江建通化

▲ 農民收割水稻

縣城（今通化市區）。首任知縣張錫鑾上任後，在今縣城快大茂設立驛站，擔負運送貢米的職責。每至深秋，進京送米車隊浩浩蕩蕩。

據《東北朝鮮歷史研究》記載：東北水稻種植進入通化上旬子、下旬子後，分兩路傳播出去。一路由通化沿柳河、海龍進入樺甸、蛟河、舒蘭等地；另一路朝鮮移民從通化進入旺清門、興京（今新賓），再西入撫順、開原、松樹（包括莊河、岫岩）、奉天（今瀋陽）等地區。

▲ 大地流金

民國政府成立後，東北奉系軍閥為了增加財政收入、擴充軍備，頒布了《耕種水稻獎勵章程》，推動了通化水稻的發展。一九一二年，朝鮮反日團體組織了約五百戶難民遷移到三源浦一帶，購買一百畝草甸地開發水田。宣統二年（西元1913年）縣知事潘德荃通令各鄉傚法江甸子廣植水稻，做出了凡是繳

納貢米者，可抵頂或免交其他稅賦的優惠政策。民國十五年（西元1926年）縣知事李春雨，親自踏察江甸子，並下令全縣「興修水利，開發水田」。這一時期全縣水田又得到一次較大的發展。

　　新中國成立後，通化水稻種植加快發展。到2013年，通化縣水稻種植總面積達十萬畝，主推品種有稻花香、平粳八、秋田小町和通禾855。西江貢米原產地的水稻種植也得到了較快發展。第六批國家級「通化縣西江貢米生產農業標準化示範區」建設順利通過國家驗收組的驗收。為了進一步提升西江貢米產品附加值，將江甸鎮又改回原名西江鎮。

　　滄海變桑田。通化水稻種植已經歷了一百五十多個春秋，如今全市水稻種植面積達到152.7萬畝，產量達十六億斤。通化、柳河、梅河口、輝南、集安等優良大米依託西江貢米文化效應，打出了江達貢米、西江貢米、姜家店貢米、梅河貢米、新開河貢米、樓街高麗香大米等品牌，產生了東北貢米文化效應。可以說，「西江貢米」不是簡單的一個食品名牌，已經擴展成為一個具有巨大價值的文化現象——即「西江稻作文化」。

▲ 金色穀場

木把文化

在博大精深的長白山文化中，有一脈源遠流長的木把文化，綿延至今。通化地處長白山要衝，木把文化曾在這片廣袤的土地上~~轟轟~~烈烈地上演，至今語音未歇。

木把文化的流傳是從長白山林木的採伐和運送開始的。

「木把」是舊時人們對伐木工人的稱謂。木幫是由木把結成的幫伙，專門從事山林樹木的採伐、流送等行業的組織或集團，民間亦稱之為「做木頭的」。

木幫活分「山場子活」和「水場子活」兩種，由此出現了三種木把：即山場子木把、水場子木把和金程木把。

山場子活按照工序可分為：採伐，把樹伐倒；打岔，砍去樹的枝枝椏椏，只留下原木；集材，把山上伐的原木集中到山下。集材的方法可依山勢分為抽林子、放箭子車、放冰溝、趕河。

水場子活按工序分為：穿排，將原木組合成排子，便於藉助江水流放；放排，將排子通過水路運輸到目的地。

木把文化起於何時現在已杳無可考了。據《長白文物志》載，永安遺址古墓中出土的「石斧」「石鑿」「銼子」，都是長白山區先民從事林業生產使用的工具。由此推斷，長白山區先民早在渤海時期以前就有木把這個行當了。

當時木幫行業規模從成書於清光緒三十四年（1908年）劉建封所著的《長白山江崗志略》中可窺端倪。談到當時木把稱為「南流水」的鴨綠江時，書中說：「中日韓三國木把，每年順流放排，直抵大東溝海口。約四千排。」至於「北流水」松花江的情形，書中說：「江邊木把多係華人，每年放排直達吉林省城、哈爾濱、洮南府等處。計其樹木，較之鴨綠江約占三分之一。」也就是一千餘排。而在通化穿城而過的渾江，即佟佳江，每年木把放木於江中，約有兩千餘排。

這樣，僅此三江之中，就年放排約七千排。按每張木排能拖一百至一百五十立方米木材，最長的木排可達一八〇至二百立方米木材算，三條江流放的木排最少年約七十萬立方米，最多一四〇萬立方米木材。如此大的林木生產運輸量，需要大量的人工（即木把）。

木幫有組織，有分工。山場子上一個場子設一個大櫃、二櫃，下分場子設把頭、爬犁頭、槽子頭；水場子上的排頭大櫃叫頭棹，下設二棹、邊棹等。木幫中的絕大多數人是闖關東來的「關裡人」。

木幫的生活和工作環境極其艱苦，而且時時處處充滿危險。幹上場子活的，工作時間是每年十月至來年二月，正是東北落雪的季節，整天風裡來雪裡去，其艱辛可知。幹水場子活的季節，則是雪化冰開時，順江放排。

木幫有其獨特的宗教信仰。他們信奉山神爺、老把頭。山神爺即東北虎，這是由古老的信奉傳下來的，老把頭則是挖參始祖孫良。長白山裡「干山利落」的都信奉老把頭孫良。本來，山神爺是山神爺，老把頭是老把頭，可山裡

▲ 木把正在運木頭

人禱告時皆稱「山神爺老把頭」，就這樣傳習下來了。

「開斧」的前一天，要給老把頭搭廟，廟門前掛上紅布，擺上供品，焚香、燒紙、叩頭，禱告平安順利。

在林子裡幹活，不許坐樹墩，樹墩是老把頭的「飯桌」。不許隨便說話，以免衝撞了山神。不許隨便吃東西，怕咬了「風水」。晚上睡覺一律頭朝南，工具要擺放整齊放炕上。鞋尖要衝門口。做夢不許告訴別人，怕「說漏」天機。

木把過年，說道更多。最有說道的是砍「過年樹」。年三十下午，每人砍一棵。這裡有講究：第一要找「順山倒」的，第二下斧鋸要有分寸，最重要的要保證這棵樹夜裡一定要站得住，任多大的風雪也不能倒。待第二天大年初一的餃子下鍋後，每人拎斧鋸上山，幾下便放倒這棵樹，然後齊喊「順山倒——」回去吃飯時餃子還不能「坨」了。

在江上放排，險象環生。因此，最重要的信奉是行走江中的規矩，絲毫馬虎不得。

上排前先要在排窩子上「插香」，殺豬，供奉龍王。排工們在「頭棹」帶領下齊向龍王牌位跪下，磕頭禱告，祈求平安，以及許諾歸來如何還願等。然後殺雞，喝血酒。上了排，必須謹言慎行，不該說的絕不能說，不該做的絕不能做，若是誰壞了規矩，就會立即被趕下排，永世不得再用。

行幫必須有規矩，有規矩才能成為行幫。多種規矩，合成行幫文化。講究的是規矩，流傳的是文化。規矩不僅體現在行動上，而且體現在言談中。言談中的規矩，就是幫內的行話隱語，表達著幫內的思想情感、意志願望，是木幫文化的精神表達。如山裡人都懂的「順山倒——」，包含了順利、平安等諸多美好意願。

木把與酒有著不解之緣。木把生活、工作在山上，冰天雪地；木把放排於江上，冰冷刺骨。特殊的、艱苦的生活生產環境，使他們與酒結下了不解之緣。俗話說：十個「木把兒」九個能喝酒，剩下一個還是個「風乾簍」（過去

裝酒用簍，杏條編的，內裡糊多層紙，並用豬血封好，「風乾簍」是酒簍子的意思）。

木把喝酒是有講究的：

解乏酒。木把在山上幹了一天活，或在水裡泡了一天，喝點酒不僅驅寒、驅潮，而且解乏，有助睡眠。

散夥酒。每年農曆三月十六「掐套」，正趕上「老把頭」生日，這一天要殺豬喝酒。趕河的是把木頭全部運到江邊喝，放排的是把排運到目的地喝，喝完酒，大家各奔東西。

預歡酒。這要說到木把和女人了。木把大多是無家室的人，放排到安東（今遼寧丹東）後，腰裡有錢了，找店住下，大家聚飲。席間說些為今晚能找到溫柔和歡快的祝酒詞，喝完，到妓院找相好的共度春宵。

木把文化是長白山區特有的文化。長白山區林木連山架嶺，堪稱林海。吉林舊有「四十八窩集」之說。「窩集」，滿語，《清稗類抄》解作「大森林」。木把文化，是大森林滋養起來的文化，它和其他森林文化一起，支撐起長白山文化的粗大骨架。

最能體現木把文化精髓的是木把歌舞。農曆三月十六，老把頭生日，亦是木把節。木把們拜祭完老把頭，酒酣耳熟之際，在「哦！哦！哦——嗨！嗨！嗨——」的吶喊聲中，或拍手擊掌，或撞擊酒碗，或敲打木棍，在整齊而有節奏的交響中高唱木把神歌。歌聲起，舞勁來，盡情狂歡的人們隨即跳起了原始歡快的木把舞。木把舞的主要道具是木杈。木杈是一根帶三個枝丫的木棍修飾而成。三根枝丫下端主幹雕有三個疊放的木環，上下抖動木杈時，木環能發出響聲。木把赤裸上身，雙手握杈，向天地三鞠躬，然後開始表演。沒有音樂伴奏，有的全是人們的應和與木器敲擊的交響。舞蹈動作全是模仿伐木與放排的情景，原始古樸，自然天籟，天人合一。

木把歌舞與木把號子一起，構成木把文化特殊的音響舞蹈，在大森林中至今餘音裊裊。

▌東北抗聯文化

　　「九一八」事變後，東北爆發了大規模的武裝抗日活動，中共滿洲省委創建了十多支反日義勇軍，這些隊伍一九三六年二月統稱為東北抗日聯軍。

　　東北抗日聯軍不僅是一支民族解放鬥爭的部隊，同時也是一支文化部隊。楊靖宇、李兆麟、宋鐵岩是抗聯文化的優秀代表。所謂抗聯文化就是在「九一八」事變到日本無條件投降期間，以抗日救國為主題的軍隊和民間文藝創作和文化傳播，主要內容是故事、民謠、歌詞和少量的話劇、快板、順口溜等作品。

　　故事是一種社會文化的起始。《曹亞范夜下吹簫勸偽軍》。一九三八年深秋，抗聯一軍二師師長曹亞范率部從輯安南下，返回撫松、濛江地區活動。當轉移到回頭溝附近時，突遭四五百偽滿軍的伏擊。激戰兩個多小時，部隊被緊緊壓縮在公路南側的山頭上。天黑後偽滿軍停止進攻，在公路兩旁燃起篝火，準備天亮後發起最後攻擊。曹亞范得知圍攻自己的是老對手李寶珍臨江警察大

▲ 群眾參觀東北抗日聯軍紀念館

隊，便對參謀長李清紹作了簡要佈置，讓警衛員拿來竹簫，背靠大柳樹，乘著月色吹了起來。先是一曲曲風哀婉的《白山黑水松花江》，儼如燈前兒女傾訴衷腸，又如愛侶同行喁喁私語。瞬間簫聲倏變，嗚嗚咽咽《送情郎》，有如楚客悲歌，長亭泣別，音調越來越苦，充滿了家破人亡之恨，生死離別之傷。幽幽揚揚的《勸滿士兵歌》《勸滿軍嘩變歌》《投奔抗聯拿起槍》，簫聲悠揚婉轉，宛如天籟。在路旁等待進攻的偽滿軍聽後精神恍惚，不知所措。被稱之為儒將的李寶珍決定會會吹簫之人，想不到站在面前的吹簫之人正是打過交道的「曹卡巴眼」，便說：「曹師長是韓湘子吹簫——不同凡響。」「音樂無國界，簫聲泯恩仇。」曹亞范回應說，「大凡喜好音樂的人，都可四海交朋友。」李寶珍表白：「熱愛音樂的人重感情，懂信義。」曹亞范接著說：「還應加上分遠近，明是非。在明是非的前提下重感情、講信義。」雙方各上一步，相視而笑。李寶珍說：「曹師長不必兜圈子，看在今晚你簫獨奏的面子上，我可以放你走。」曹亞范毫無怯意地說：「這麼說我得感謝李隊長高抬貴手嘍！要想走我早走了。在這裡吹簫等你，是想和你做筆交易。」曹亞范接著說，「實話對你說了吧，林子深處，渾江兩岸全是我們的人馬。我的簫聲就是調兵符，你若是不信，可以向西看看！」李寶珍抬頭望去，發現有星星點點亮光在移動。曹亞范又對李寶珍說：「李隊長，咱們都是中國人，不能自殘骨肉，我想和你交換樣東西。」李寶珍有些猶豫，曹亞范便與李寶珍耳語，李寶珍聽後連連點頭。曹亞范命部隊扔下一些破舊武器，悄悄撤離險區。這時偽滿軍開始攻擊，「激戰」一個多小時後，便凱旋。三天后李寶珍如約給曹亞范送去五萬發子彈，曹亞范當即給李寶珍二十兩大煙土，兩千塊現大洋。

《曹亞范夜下吹簫勸偽軍》是突圍戰中的傳奇。「岔溝突圍」堪稱突圍戰中的經典。一九三八年十月十七日，第一路軍警衛旅和少年鐵血隊涉渡渾江秋水到達臨江岔溝山區，在外岔溝宿營。在「滿軍最高級顧問」石黑大佐的直接指揮下，十八日晨，一千五百多偽軍對宿營地形成半月形包圍。楊靖宇命令警衛旅三團作掩護，帶領大隊人馬迅速占領了附近的山頭。敵人在飛機的配合

下，不斷向制高點發起一輪又一輪的攻擊，被圍部隊十分被動，退到幾座孤碴子上，團長朴先鋒中彈犧牲，雙方最近距離五十米。傍晚時分，敵人進一步縮小了包圍圈，把山腳團團控制起來。各溝口都燃起敵人露營的火堆。楊靖宇對大家說：「第一，拂曉前必須衝出重圍；第二，要選擇突破口。經觀察四周敵人火堆情況，唯有西北崗上稍微稀落，那裡是懸崖峭壁，敵人估計我軍不能從那邊突破。然而，那裡才是我軍的唯一突破口；第三，必須做好充分準備，按時行動。」接到命令後，機槍連長朴成哲、特務連指導員全秀花、第一團參謀丁守龍等組成20多人的突擊隊，扮成巡邏日軍，用樹藤替代繩索從斷崖溜下，摸到西北崗牛天部隊面前。正在烤火的敵人見有人走過來，便開槍射擊。這時朴成哲用日本話大喊：「打什麼，都是自己人！」敵人有些猶豫，突擊隊員分頭向敵群掃射，打得敵人驚慌失措，亂作一團。經多次猛衝，打開了突破口，殺出了一條血路，後續部隊沿著這條血路邊打邊撤，被圍部隊井然有序地衝出了敵人精心設計的包圍圈。隨即翻過一個又陡又滑的大石碴子，進入安全地帶。這次突圍戰斃敵團長一名，斃傷敵人八十多人，俘敵二十多人。突圍部隊也傷亡近二十人。

還有一些抗聯故事家喻戶曉，婦孺皆知，如《摩天嶺大捷》《「日本抗聯」老八號》《反日會長孫萬貴》《軍部交通員馬良》《紅軍墳》《楊靖宇密信治程斌》《兩個「要飯的」》《地下被服廠》等。

民謠是故事的高度概括和昇華。一九三四年四月，第一軍獨立師騎兵戰士化裝將相遇的敵公安隊繳械。後來演變成《穿上「狗皮」把裝化》民謠：「抗聯隊伍有辦法，穿上『狗皮』把裝化。頭上戴著『戰鬥帽』，腰間還把洋刀挎；黏了兩撇『仁丹胡』，冒充太君來訓話。沒等訓上兩句半，『翻譯官員』說了話：趕快繳槍舉起手，誰動讓誰回老家！敵軍官兵傻了眼，一個一個被活抓。」這個民謠反映的是第一軍獨立師游擊戰術──化裝襲擊。《藉著西風燒葦塘》：「鑼鼓敲，咚咚鏘，三國有個諸葛亮，敦化有個陳翰章。寒蔥嶺，打勝仗，引來鬼子進葦塘，前呼後擁心不慌。『叭、叭、叭』就三槍，藉著西風

燒葦塘，鬼子暈頭轉了向，死的齜牙又咧嘴，活的舉槍喊投降！」反映的是陳翰章「借西風火燒葦塘」經典戰例。《白山黑水多英雄》：「天上星，亮晶晶，白山黑水多英雄：尚志、一曼、李兆麟，還有延祿、周保中。千顆星，萬顆星，頂數靖宇楊司令，魏拯民，金日成，曹亞范吹簫勸敵兵。他們紮根在山裡，攪得鬼子亂了營。」抗聯英雄是漆黑夜幕下「窮人心頭一盞燈」，是民族解放的救星。

抗聯戰士戰鬥、生活在人民群眾之中，得到人民群眾的保護和支持，於是便有反映軍民關係的民謠。如《姐姐放哨樹下邊》：「六月裡，炎熱天，姐姐做鞋樹下邊。東張張，西望望，半隻鞋底衲一天。不是姐姐等情哥，不是底硬錐子彎，抗聯在開祕密會，姐姐放哨樹下邊。」反映的是真實的故事，抗聯在開會，姐姐在樹底下以納鞋底為掩護，給抗聯放哨。《進屋喝碗熱豆漿》：「山腳下，小河旁，門前有棵老白楊，抗聯打仗進山裡，別忘我家老地方，有朝一日打此過，進屋喝碗熱豆漿。」表達的是抗聯要進山打仗，房東依依惜別的心情。

保護和支持抗聯的還有一個特殊的群體，這就是少年兒童，於是就產生了抗聯兒童歌謠。如《小牛牛》：「小牛牛，紅兜兜，手拎小糞筐，肩扛小鎬頭。哪裡有糞哪裡走，悄悄溜到咱村口。給抗聯，送口信，村裡來了日本狗！」謠中展現一個日寇鐵蹄下兒童的可愛形象。《蹺起腳尖沒槍高》：「一枝動，百枝搖，誰當抗聯誰榮耀。小嘎子進山當抗聯，蹺起腳尖沒槍高。」年齡大一點的少年兒童爭當抗聯的場景，勾勒出小嘎子參軍後的榮耀心情。

每當有外族入侵時，總會出現一些漢奸，於是便產生了一些諷刺這些漢奸的民謠。《翻譯官損德行》：「翻譯官，損德行，和你老爹也把眼瞪。見鬼子，會奉承，點頭哈腰鞠個躬，像條抽筋癩皮狗，拿著鬼子當祖宗。」《大刀一擺平了脖》：「上山坡，下山坡，一個兔子兩個窩。大漢奸，小漢奸，一個漢奸兩個國。吃的中國飯，幹的日本活，你說缺德不缺德！等到抗聯來，大刀一擺平了脖。」把漢奸諂媚日本人的形態活現出來，同時也體現反日民眾對漢奸的

憤恨和復仇之心。

歌曲是抗聯文化的最高層次，軍旅歌曲最具代表性。一九三二年四月，楊靖宇在中共滿洲省委主持軍委工作，省委決定軍委書記周保中到吉東搞兵運。

周保中向楊靖宇辭行時，楊靖宇將提前寫好的《出征歌》送給了周保中：「穿上征袍擐盔甲，志強男兒保國家。今日相聚要開懷，共商大計闖天下。共君一席話，明日各天涯。縱然惜別總須別，相約再會在松花。先建根據地，軍民共一家。同仇敵愾抗日寇，聯合義勇把敵殺。三江出奇兵，遼東躍駿馬，白山黑水齊出動，復興我中華。祝君捷報傳，盛開五月花。振臂高呼我必勝，鴨綠江邊飲戰馬！」歌中體現楊靖宇的報國志、戰友情，抗日信心滿滿。

一九三六年七月，楊靖宇在中共南滿第二次代表大會和東北抗聯第一軍、二軍高級幹部會議期間，創作了《東北抗聯第一路軍軍歌》。第一節是：「我們是東北抗日聯合軍，創造出聯合軍的第一軍。乒乓的衝鋒陷陣繳械聲，那就是革命勝利的鐵證。」表述了這支部隊是一支聯合軍。最後一節是：「高懸在我們的天空，普照著勝利軍旗的紅光。衝鋒呀，我們第一路軍！衝鋒呀，我們第一路軍！」充分表達出對抗戰勝利的憧

▲ 抗日英雄楊靖宇作詞的《東北抗日聯軍第一路軍軍歌》

▲ 敬仰

憬。軍部秘書長韓仁和譜了曲。

一九三八年五月，楊靖宇主持召開了南滿省委和第一路軍高幹會議，應第二軍獨立旅政委伊俊山的要求，楊靖宇又作一首《中韓民族聯合抗日歌》：「山河欲裂，萬里隆隆，大砲的響聲，帝國主義宰割弱小民族的象徵。國既不保，家何能存，根本沒和平。黑暗光明，生死線上鬥爭來決定。崛起呀！中韓民族！萬不要再酣夢。既有血，又有鐵，只等去衝鋒！前進呀，中韓民族！既有始，要有終，誓殺到敵人的大本營。猛衝鋒！」

一九三八年李兆麟創作了《露營之歌》：「鐵嶺絕岩，林木叢生，暴雨狂風，荒原水畔戰馬鳴。圍火齊團結，普照滿天紅。同志們，銳志哪怕松江晚浪生！起來喲，果敢衝鋒。逐日寇，復東北，天破曉，光華萬丈湧！朔風怒吼，大雪飛揚，征馬躑躅，冷氣侵人夜難眠。火烤胸前暖，風吹背後寒。戰士們，精誠奮發橫掃嫩江原！偉志兮，何能消滅，全民族，各階級，團結起，奪回我江山！」寫出了戰場以外抗聯戰士的艱難生存環境，表達出對奪回失地的信心。

第一路軍總政治部主任宋鐵岩創作了《四季歌》《當紅軍歌》《兒童歌》《追悼歌》。在抗聯隊伍中傳唱的還有《抗聯教導隊歌》《游擊隊進行曲》《唱給滿軍士兵的歌》《四季游擊歌》《紅旗歌》《晚會歌》等。

在抗日遊擊區也傳唱著一些抗日歌曲，如《起來，東北的男兒》：「堅似鋼鐵，勇如猛虎，東北的男兒呀，千里平原，萬里山嶺，殺敵的好戰場。起來起來，熱血沸騰，家鄉的男兒呀，下決心，握緊拳頭，拚殺向前衝……起來起來，熱血沸騰，家鄉的男兒呀，扛起槍桿，全副武裝，衝殺向前方。」鼓勵家鄉男兒不做亡國奴，參加抗日軍，奔向抗日戰場。《投奔抗聯扛起槍》：「一呀一更裡呀，星兒照滿天哪，小妹我呀在房中，一陣好心酸哪；咱家七八口呀，只剩小奴咱，鬼子點了一把火，燒燬我家園哪；仇恨埋在心哪，參加抗日聯軍哪，扛起槍桿打游擊，消滅日本軍哪。說走咱就走啊，老鄉別留咱哪，反滿抗日，殺敵衝在前哪。」此外還有《歡迎歌》《農民小唱》《送情郎》《抗日八月

小唱》《十勸當抗聯》《少年立志歌》等。在艱苦的密營生活中楊靖宇創作了話劇《王二小放牛》。有的指戰員還隨機編了一些順口溜和快板等。

抗聯文化伴隨著抗日烽火誕生，是以楊靖宇、李兆麟、宋鐵岩為代表的抗聯將士和根據地抗日民眾創造出來的，是長白山文化瑰寶之一，反映出反抗外來侵略的時代主題。

通化葡萄酒文化

「野生諸異物，欲取不勝采」，這是老一輩無產階級革命家董必武《初到通化》的詩句。

長白山物華天寶，其中原生葡萄（野葡萄）資源極為豐富。通化人充分利用這上天賜予的珍奇佳果釀製芳醴，不僅支援瞭解放戰爭，還為新中國的建設和地方經濟發展做出重要貢獻。通化葡萄酒也代表中國傳統文化和現代文明走向了國際，架設起中國與世界人民友誼的橋梁。

侵略者的掠奪。深山老林綿延縱橫，生長著難以計數的野山葡萄。它根植於原始森林肥沃的黑土之中，又有甘冽的天池水哺育，顏色紫黑豔麗，清香襲人，酸甜醇厚，沒有污染，是釀造葡萄美酒的上好原料。這得天獨厚的野葡萄資源，令日本侵略者垂涎欲滴。

1938年冬，設在遼寧撫順的日資企業東三洋行和吉林蛟河的飯島農場在奉天（瀋陽）舉行了「預備合作葡萄酒會談」，達成了在東邊道首府通化共同建

▲ 科技人員調研葡萄生長情況

立葡萄酒廠的協議。之後，東三洋行在通化先設立支店，任洋行員工木下溪司為支店長，同時負責葡萄酒廠的籌建。一九三九年三月，木下溪司在市區二道河子東沿劃出四百多平方米建設葡萄酒廠廠房。

1940年4月，木下聘來蘇聯製桶技工，組裝了三十個容量為三十石（1.5噸）的貯酒木桶。同時，到通化省公署辦理了酒廠營業執照和採集山葡萄的許可令。註冊廠名為通化葡萄酒釀造公司，木下溪司任公司經理，春日紀一任生產管理，飯島誠任技師長。同年9月，組織採集野葡萄，不到一個月就採集了四十五噸。木下在他著的《深深印在記憶中的通化》一文中說：「原料彙集點如同戰場一般熱鬧，廠區內的空地上，到處是堆積如山的山葡萄。」「從心底裡慶幸這場大賭注勝利了。」有了山葡萄，技師長飯島誠選用了一種名叫「約翰使徒」的酵母，製作了原酒，生產出了第一款酒——T牌通化葡萄酒。

1941年5月，東三洋行同長春的福昌公司聯合，成立了通化葡萄酒株式會社並擴建酒廠。廠址選在通化城東郊的渾江南岸（今通化葡萄酒公司址），這裡遠離市區，依山傍水，景色幽雅，且有充足的優質地下水和便利的交通運輸條件。新酒廠

▲ 冰葡萄酒原料基地

▲ 喜獲豐收

▲ 遠眺

　　從破土動工到設備安裝完畢，用了近一年的時間。工廠總占地面積一萬平方米，建築面積2600平方米，還建了378平方米地下室貯藏原酒。

　　新酒廠共有日本人十二名，中國工人六十多名。到1943年，酒廠除生產葡萄酒外，還蒸餾了烈酒白蘭地。同年末，太平洋戰爭局勢已經對日本十分不利。為挽回敗局，日本政府把國力全部投入了戰爭。1944年初，日本關東軍總部命令通化葡萄酒株式會社改為軍工廠，生產軍用酒石酸。1945年8月，日本投降，酒廠停產，也終止了日本人對我山葡萄資源的掠奪。

　　抗戰勝利後，黨中央決定在通化建立我黨我軍第一個軍事大後方，要求進通幹部接收日偽資產，建立自己的工廠，儲備物資，以便源源供給前方。1945年9月下旬，新建立的民主政府接收了葡萄酒廠，任命在東北軍區後勤部工作的馮其昌為酒廠經理。他上任不久，就建立了洗瓶組、兌酒組、裝酒組、壓蓋組、殺菌組、包裝組等一系列生產組織，很快恢復了生產。

　　新中國成立後，通化葡萄酒廠得到了長足發展，通化葡萄酒真正成為了塞外明珠。

　　從一粒粒天然珍寶般的葡萄果實，到晶瑩躍動的玉液瓊漿，每一步，通化葡萄酒都極力維護自然原生葡萄的特質。原料全部手工採摘，嚴格分選，原料

採收與運輸全程保持果實新鮮。在傳統與現代工藝結合的健全技術保證體系和工藝規程控制下，實行全程防氧化與無菌化工藝管理。選用柔性浸提、低溫發酵及法國進口活性乾酵母控制，密封滿罐貯藏及恆溫地下橡木桶陳釀，使釀製出的通化葡萄酒色如寶石，甘香雋永，酒體醇厚，口味豐滿，酒香果香和諧，在世界葡萄酒大家族中獨樹一幟。

▲ 通天山葡萄酒生產線

通化葡萄酒曾作為1949年9月30日全國政協第一屆委員會第一次全體會議晚宴用酒，作為1949年10月1日新中國成立時八百人國宴用酒，與共和國的發展和成就息息相關。共和國的每一個重大歷史事件，都有通化葡萄酒為之慶賀的身影；共和國的每一位偉人，都體味過通化葡萄酒的醇厚芳香。朱德、董必武、胡耀邦、彭真、楊尚昆、江澤民等黨和國家領導人都曾先後到通化葡萄酒廠視察、題詞。彭真同志親自為酒廠書寫了廠牌；董必武讚譽「參茸享盛名，葡萄釀芳醴」；陸定一題詞「葡萄遍通化，美酒譽中華」……

▲ 朱德、董必武、江澤民、胡耀邦、彭真視察通化葡萄酒廠時題詞

吉林文庫 A0703A25

文化吉林：通化市卷　下冊

主　　編	莊　嚴
版權策畫	李　鋒
責任編輯	林以邠

發 行 人	陳滿銘
總 經 理	梁錦興
總 編 輯	陳滿銘
副總編輯	張晏瑞
編 輯 所	萬卷樓圖書股份有限公司
排　　版	菩薩蠻數位文化有限公司
印　　刷	維中科技有限公司
封面設計	菩薩蠻數位文化有限公司

出　　版　昌明文化有限公司

桃園市龜山區中原街 32 號

電話　(02)23216565

發　　行　萬卷樓圖書股份有限公司

臺北市羅斯福路二段 41 號 6 樓之 3

電話　(02)23216565

傳真　(02)23218698

電郵　SERVICE@WANJUAN.COM.TW

大陸經銷　廈門外圖臺灣書店有限公司

　　電郵　JKB188@188.COM

ISBN 978-986-496-282-2

2018 年 1 月初版

定價：新臺幣 280 元

如何購買本書：

1. 轉帳購書，請透過以下帳戶

　 合作金庫銀行 古亭分行

　 戶名：萬卷樓圖書股份有限公司

　 帳號：0877717092596

2. 網路購書，請透過萬卷樓網站

　 網址 WWW.WANJUAN.COM.TW

大量購書，請直接聯繫我們，將有專人為您

服務。客服：(02)23216565 分機 610

如有缺頁、破損或裝訂錯誤，請寄回更換

版權所有·翻印必究

Copyright©2016 by WanJuanLou Books CO., Ltd.

All Right Reserved　　　　**Printed in Taiwan**

國家圖書館出版品預行編目資料

文化吉林. 通化市卷 / 莊嚴主編. -- 初版. --

桃園市：昌明文化出版；臺北市：萬卷樓

發行, 2018.01

　　冊；　公分

ISBN 978-986-496-282-2(下冊 ：平裝)

1.文化史 2.人文地理 3.吉林省

674.2408　　　　　　　　　107002186